대한민국, 정치발전이 멈추다

—민주화의 역설

역설적이게도 우리나라가 안고 있는 문제
들을 제대로 해결하지 못하기 시작한 것은
민주화 이후이다. 198?? 민주화 과정에서
'대선 공약', '이념?????????대통령
임기 5년 단?????????
그리고 그?????
능력을???
요' 정????

**민주화의
역설**

대한민국
정치발전이 멈추다

이홍균 지음

하였다??
가 주?
그런데
공약은
다.그리_
운 정당??
수우파와??
갈등이 치열??????
이념편향'이 대선 ??????????썼다는
것이다. 그 결과 진보좌파가 십권하면 좌
편향의 일색의 국가 '주요' 정책이 추진되
다가 보수우파가 집권하면 우편향 일생의
국가 '주요' 정책이 추진되고 있다.

대양미디어

서 문

우리나라는 현재 오랜 동안 지속되었던 침체에서 벗어나 재도약하느냐 아니면 침체에서 벗어나지 못하고 주저앉고 마느냐의 중대한 갈림길에 서 있다.

우리나라가 침체에서 벗어나지 못하고 있는 이유는 우리나라가 안고 있는 많은 문제들, 예를 들어 국제 경쟁력 하락, 저출산·고령화, 청년실업, 노사갈등, 일·가정 양립, 지역균형발전 등을 해결하지 못하고 있기 때문이다.

아마도 그동안 지난 60여 년 동안 쌓아온 업적들이 그동안 우리나라가 안고 있는 문제들을 혹시 가벼이 여기게 만들고 있었을지 모른다. 그러나 더 이상 우리의 발목을 잡고 있는 문제들의 해결을 미루다가는 우리나라는 영광스러운 대한민국으로 다시 태어나지 못하게 될 것이다.

역설적이게도 우리나라가 안고 있는 문제들을 제대로 해결하지 못하기 시작한 것은 민주화 이후이다. 1987년 민주화 과정에서 '대선 공약', '이념편향의 양대 정당', '대통령 임기 5년 단임제'의 세 복병이 등장하면서 우리나라의 문제해결 능력이 크게 낮아졌다.

민주화 이후 우리나라 모든 국가 '주요' 정책, 국정 과제는 대선 공약으로 개발되고 있다. 대선 공약으로 개발되어야 국가 '주요' 정책인 국정과제가 될 수 있다. 국가 '주요' 정책이 되기에는 대선 공약은 부실하고 졸속으로 개발되고 있다.

그리고 민주화 이후 진보좌파의 자유로운 정당 활동이 보장되면서 이념편향의 보수우파와 진보좌파의 양대 정당의 대립과 갈등이 치열해졌다. 문제는 '양대 정당의 이념편향'이 대선 공약에 반영되면서 발생하였다. 진보좌파가 집권하면 좌편향의 일색의 국가 '주요' 정책이 추진되다가 보수우파가 집권하면 우편향 일생의 국가 '주요' 정책이 추진되고 있다.

또한 민주화 이후 대통령 임기가 5년 단임제로 헌법에 규정되었다. 문제는 '대통령 임기 5년 단임제'가 대선 공약에 반영되면서 발생하였다. 우리나라의 국가 '주요' 정책의 추진 기간이 5년 이내로 제한되었고, 그에 따라 이상의 중장기적 해결이 필요한 문제들은 해결되지 못하고 있다.

그러나 만약 국가 '주요' 정책의 개발을 대선 공약단이 아니라 행정부가 담당하게 된다면, 부실하고 졸속으로 국가 '주요' 정책을 개발하지 않게 될 것이다. 그리고 '양대 정당의 이념편향'과 '대통령 임기 5년 단임제'가 국가 '주요' 정책에 반영되지 않게 될 것이다.

그렇게 되면 대통령이 바뀔 때마다 모든 국가 '주요' 정책이 바뀌지 않게 될 것이고 우편향의 이념이나 좌편향의 이념이 국가 '주요' 정책에 반영되지 않게 될 것이다. 그리고 많은 정책전문가들이 국가 '주요' 정책의 개발에 참여할 수 있게 되어 완성도 높은 정책의 개발이 가능해질 것이다.

필자는 사회문제에 관심이 많은 사회학 이론이 주 전공인 사회학자이다. 2010년 여의도연구원 연구위원으로 정책연구를 시작하면서 정책의 중요성을 깨닫게 되었다.

대통령 후보 선거 캠프에서는 대선 공약이 개발되는 과정을 그리고 대통령직인수위원회에서는 대선 공약이 우리나라 국가 '주요' 정책, 국정과제로 전환되는 과정을 경험할 수 있었다.

그 경험을 통해 부실하고 졸속으로 개발됨에도 불구하고 대선 공약이 모든 국가 '주요' 정책이 되고 있다는 사실, 그리고 양대 정당의 이념편향과 대통령 임기 5년 단임제가 반영된 대선 공약이 국가 '주요' 정책이 되고 있다는 사실을 알게 되었다. 그리고 그것이 우리나라의 많은 문제들이 해결되지 않고 있는 원인이라는 사실을 깨달았다.

여의도연구원 연구위원 출신인 필자는 개인적으로 자유우파의 이념을 지향한다. 그러나 이 책은 중립적이고 객관적인 입장에서 서술하고자 노력하였다. 자유우파의 입장에서 진보좌파를 비판하면, 그것은 또 하나의 이념논쟁, 진영논쟁이 되고 말 것이고, 그렇게 되면 이 책에서 제기하고자 하는 '대선 공약의 정책개발 경로'의 문제점이 희석될 것이기 때문이다.

이 책을 집필하면서 주변의 많은 분들께 자문을 구하였다. 그 가운데에는 정치인도 있었고 정치학자, 언론인도 있었다. 날카로운 비판도 많았고, 따뜻한 격려도 있었다. 그분들께 진심으로 감사드린다.

지금은 세상을 떠나셨지만, 투병 중에도 이 책의 내용에 많은 관심을 보여주신 아버님께 감사드린다. 그리고 부드럽지 못한 필자의 문장을 고쳐준 아내 손승영 교수와 아들 승준에게도 감사한다.

그리고 필자에게 정책연구의 기회가 주어진 것, 정치의 중요성을 깨달을 수 있는 기회가 주어진 것에 감사한다. 만약 순수 학문의 분야에 머물러있었다면 우리나라에 쌓여 있는 그 많은 문제들이 왜 잘 해결되지 못하고 있는지 지금도 이해하지 못하고 있을 것이다.

이 책을 흔쾌히 출판하기로 해주신 대양미디어 서영애 대표님께 감사드린다. 덕분에 필자의 원고가 우리나라 정치에 대해 고민하시는 분들과 만날 수 있게 되었다.

걱정스러운 것은 이 책이 우리나라 정치 현실을 정확하게 반영하지 못하는 부분이 있을 것이라는 것이다. 그것은 모두 필자의 부족함 탓이다. 그럼에도 불구하고 필자는 이 책이 우리나라 정치발전을 위한 작은 디딤돌이 될 수 있기를 바란다.

■ 차례

대한민국, 정치발전이 멈추다
— 민주화의 역설

멈추어 선 정치발전

I - 1. 정치의 문제해결 권한과 민주화

한 나라의 흥망성쇠(興亡盛衰)는 정치에 의해 결정된다는 것은 동서 고금을 막론하고 역사가 증명하고 있는 사실이다. 태평성대(太平聖代) 를 구가하였던 나라는 정치를 잘하였던 나라였지만, 백성이 도탄(塗 炭)에 빠져있었던 나라는 정치를 잘하지 못하였던 나라였다.

왕에 의한 통치가 이루어지던 봉건시대까지 국가의 주인은 왕이 었고, 백성은 왕을 위한 존재였다. 국가 권력은 백성을 위한 것이 아니라, 왕 자신과 왕 주변 소수의 특권층, 귀족을 위한 것이었다.

이러한 정치체제에 변화가 일어나기 시작한 것은 영국에서 상공 업자들이 의회를 중심으로 점차 세력을 넓혀가면서부터였다. 왕에게 집중되었던 통치 권한이 점차 의회로 옮겨가다가, 마침내 국민투표에 의해 최고 통치자를 선출하게 되었다.

그와 동시에 최고 통치자 자신이나 소수의 특권층을 위해 사용되던 국가 권력이 점차 국민 대다수를 위해 사용되기 시작하였다. '최고 통치자를 위한 국민'에서 '국민을 위한 최고 통치자'로 변화, 또는 왕국(王國)에서 자유민주주의(自由民主主義) 국가로의 변화가 일어나기 시작하였다.

정치체제에서 일어난 이러한 변화는 자유시장 경제체제와 함께 서서히 유럽으로 퍼져 나아갔다. 그리고 2차 세계 대전 이후 전 세계로 전파되었다. 문제는 식민지에서 해방된 나라들에서 발생하였다.

이들 나라에서는 겉으로는 국민투표에 의해 최고 통치자를 선출하는 등 자유민주주의 체제가 도입되었지만, 그러나 속에는 여전히 봉건적 정치체제의 잔재가 남아있었다. 국민에 의해 선출되었음에도 불구하고 최고 통치자 스스로 자신을 봉건시대의 왕과 같은 존재로 착각하고 있었다.

집권자들은 국가에 주어진 권한과 권력의 일부를 최고 통치자 자신과 주변의 특권층을 위해 사용하였고, 한번 집권하면 권좌(權座)에서 물러나려고 하지 않았다. 그러나 그것은 자유민주주의 체제에서는 법의 테두리를 넘는 권력 남용이었고, 독재였다.

2차 세계 대전 이후 일제 강점기에서 벗어나 주권을 회복하면서 우리나라에도 자유민주주의 정치체제가 도입되었다. 그러나 식민지에서 해방된 다른 나라들과 마찬가지로 우리나라에도 더 익숙했던 것은 서구에서 기원한 자유민주주의 체제가 아니라 봉건제적 통치체제였다.

최고 통치자는 삼권 분립을 지키려 하지 않았다. 명백히 권력 남용이었지만 권력 남용으로 받아들이지 않았다. 지식인과 학생들의 비판과 저항이 거세게 일어났지만, 폭력으로 그 비판과 저항을 억누르려 하였다.

그렇다고 하여 봉건시대처럼 최고 통치자가 자신에게 주어진 권한과 권력을 '전적으로' 자기 자신이나 주변의 소수 특권층을 위해 사용한 것은 아니었다.

그러나 한번 집권하면 권좌에서 내려오지 않으려 하였다. 이승만 대통령이 그러했고, 박정희 대통령, 전두환 대통령이 그러했다. 선거 부정이나 개헌 등 집권연장을 위한 편법이 여러 차례 시도되었다.

자유민주주의 체제 내에서 봉건제적 정치를 하려는 집권자와 봉건제적 정치에서 벗어나 자유민주주의 정치체제로의 전환을 요구하는 지식인·대학생 사이의 대립이 점점 더 치열해졌다. 최고 통치자의 장기집권이나 불법적 권력 남용에 대한 지식인·대학생들의 저항이 시간이 갈수록 점점 더 거세졌지만, 집권자는 그 저항을 무력으로 탄압하려 하였다. 그 과정에서 많은 이들이 희생되었지만, 저항은 수그러들지 않았고 오히려 점점 더 드세졌다.

지식인·대학생들의 저항이 극에 달하였던 1987년 6월 당시 집권당의 노태우 대표는 대통령 직선제를 수용하겠다는 내용의 6.29 선언을 발표한다. 그 이후 군사 독재 정권이 물러가고 지금까지 민간 정권 사이에 정권 교체가 순조롭게 이루어지고 있다.

Ⅰ-2. 멈추어 선 민주화의 시계

1987년 민주화(民主化) 선언 이후 우리나라 정치에 여러 가지 긍정적인 변화가 일어났다. 대통령 직선제가 도입되고, 5공화국 대통령의 무소불위의 권한, 국회해산권, 비상조치권, 헌법개정제안권 등이 폐지되었다.

진보좌파 정당의 자유로운 정치활동이 보장되면서 정당 사이에 정책 경쟁이 활발해졌다. 그리고 장기집권의 야욕을 차단하기 위한 법적 안전장치를 마련되면서 평화로운 정권 교체가 순조롭게 이루어지고 있다. 민주화 이후 자유민주주의 정치체제로 한 걸음 더 나아갔다.

그러나 1987년 민주화는 우리나라 정치에 부정적인 변화를 동시에 가져왔다. 무엇보다도 정치의 가장 중요한 기능의 하나인 문제해결 능력을 크게 떨어뜨렸다. 그렇게 만든 것은 역설적이게도 민주화를 지탱하기 위해, 또는 민주화의 결실로 등장한 복병(伏兵)이었다.

민주화를 지탱하기 위해서는 장기집권의 야욕을 차단하기 위한 법적 안전장치가 필요하였고 그것은 복병 '대통령 임기 5년 단임제'를 등장시켰다. 민주화의 결실로 진보좌파 정당의 자유로운 정치활동이 보장되었고 그것은 복병 '이념편향의 양대 정당'이 등장하였다. 그리고 민주화의 결실로 정당 사이에 정책 경쟁이 활발해지면서 '대선 공약'의 복병이 등장하였다.

이 세 복병은 언 듯 보기에는 복병이 아니라 민주화를 지키기 위한 버팀목이고, 민주화의 결실로 평가되어야 마땅할 것으로 보인다. 민주화를 지탱하기 위한 목적으로 등장하였거나, 또는 민주화의 결실로 등장한 것이기 때문이다.

그러나 이 세 복병의 등장으로 말미암아 우리나라 정치의 문제해결 능력은 크게 떨어졌다. '대선 공약'에 의해 우리나라 모든 '주요' 정책이 결정되고 있지만, '대선 공약'은 정해진 짧은 기간 내에 소수의 인원에 의해 매우 부실하게 개발되고 있다.

그리고 대선 공약에 '대통령 임기 5년 단임제'와 '이념편향의 양대 정당'이 반영되면서, 5년 단위의 단기 정책만이 국가 '주요' 정책이 되고 있고, 좌 이념편향이나 우 이념편향의 정책만이 우리나라 국가 '주요' 정책이 되고 있다.

대선 공약은 대통령 선거 직전, 각 정당의 후보의 대선공약단에 의해서 개발된다. 대통령으로 당선된 대통령 후보의 대선 공약은 다른 어떠한 정책보다 우선하는 국가 '주요' 정책이 된다.

그러나 대선 공약은 150~200여 명의 소수의 인원에 의해 두세 달 만에 개발되고 있다. 그 인원과 기간으로 완성도 높은 국가 '주요' 정책을 개발하는 것은 거의 불가능에 가깝다.

그러나 대통령으로 당선된 대통령 후보의 대선 공약은 바로 국정과제가 되는 과정, 곧 국가 '주요' 정책이 되는 과정으로 돌입한다. 대선 공약의 이행 계획에 대한 검토를 거쳐 국정과제, 곧 국가 '주요' 과제로 전환된다.

대선 공약이 대통령직인수위원회에 전달되면 부실하거나 과도한 재정이 투입되어야 하거나, 많은 문제를 일으키게 될 대선 공약이라고 하더라도 대선 공약은 거의 수정되거나 폐기되지 않는다.

대선 공약이 가지고 있을지 모르는 각종 문제에 대한 검토는 생략된 채, 대선 공약은 거의 천편일률적으로 국정과제로 전환되고, 국정과제는 대통령 임기 5년 동안 가장 중요하게 추진되어야 할 국가 '주요' 정책이 된다.

대선 공약의 복병(伏兵)만이 문제가 아니다. '대통령 임기 5년 단임제'가 대선 공약에 반영되면서 우리나라에서는 5년 이상의 추진 기간이 필요한 정책은 개발 자체가 되지 않고 있다. 중장기 정책이 사라진 것이다.

문제들 가운데에는 5년의 기간 내에 해결할 수 있는 문제들도 있고, 20~30년의 해결 기간이 필요한, 또는 그 이상의 해결 기간이 필요한 문제들도 있다. 그러나 '대통령 임기 5년 단임제'의 등장으로 중장기적 해결이 필요한 문제들은 해결하려는 시도조차 하지 못하게 되었다.

대통령의 임기를 넘어서는 정책을 개발하고 제시하는 것은 대통령 후보의 권한을 넘어서는 일이기 때문이고, 다른 한편에서 그것은 차기 대통령의 권한을 침해하는 일이기 때문이다.

또한 문제를 해결하기 위해서는 현실에 보다 충실하여 문제를 파악하고 문제를 해결하여야 할 것이다. 그러나 대선 공약에 '양대 정당의 이념편향'이 반영되면서 우리나라 양대 정당은 현실에 충실하여 문제를 해결하려고 하는 것이 아니라 우파의 근본이념이나 좌파의 근본이념에 보다 충실하여 문제를 해결하려고 하고 있다.

그로 말미암아 문제는 해결되지 않고 나라만 좌의 이념과 우의 이념의 양극단으로 쪼개어지고 있다. 보수우파가 정권을 잡으면 나라 전체가 우로 쏠리고 진보좌파가 정권을 잡으면 나라 전체가 좌로 쏠리고 있다.

민주화 과정에서 등장한 세 복병, '대선 공약', '이념편향의 양대 정당' 그리고 '대통령 임기 5년 단임제'는 부실한 정책과 이념 편향적인 정책, 그리고 단기 정책만을 개발하도록 하고 있는 것이다.

부실하게 개발된 대선 공약이 국가 '주요' 정책인 국정과제가 되고, 5년 이상의 추진 기간이 필요한 국가 '주요' 정책은 개발조차 되지 않고, 현실보다는 이념에 충실한 진보좌파와 보수우파가 나라를 좌와 우로 서로 잡아당기게 만들고 있다.

군사 정권에서 민간 정권으로의 이양을 달성하는 것, 평화로운 정권 교체를 달성하는 것 자체가 민주화의 최종 목표일 수는 없다.

그것은 민주화의 최종 목표를 향해 나아가기 위한 교두보(橋頭堡)일 뿐이다. 그러나 유감스럽게도 우리나라 민주화의 시계는 평화로운 정권 교체에 멈추어 서 있다.

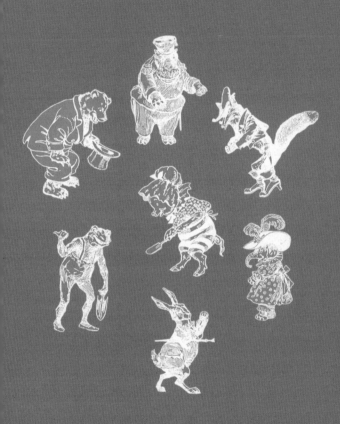

민주화 복병의 출현과 미완의 민주화

대한민국, 정치발전이 멈추다
― 민주화의 역설

민주화 복병의 출현과
미완의 민주화

민주화에 대한 갈망이 절절하던 시절, 독재 정권이 물러가고 평화로운 정권 교체만 이루어지면 자동적으로 정치발전이 이루어질 것이라는 기대가 컸다. 거리에서 '군사 독재 정권 타도'의 구호를 힘차게 외쳤던 것은 군사 독재 정권의 타도가 정치발전을 위한 만병통치약이라고 여겼기 때문이었을 것이다(함성득, 22쪽).

그러나 그렇게 타도하려 했던 군사독재 정권이 물러가고 그렇게 갈망했던 평화로운 정권 교체가 일어나고 있지만, 그 이상의 정치발전은 일어나지 않고 있다. 나라는 분열되고 혼돈의 소용돌이에 빠져 있고 해결되어야 할 문제들은 해결되지 못한 채 쌓여가고 있다.

1961년 박정희 정권의 등장 이후 개헌을 하거나 간선제를 도입하는 등 한번 집권하면 권좌에서 내려오지 않으려 하였다. 군사 정권이 전두환, 노태우 대통령으로 계속 이어지고 전두환 대통령의 장기집권 야욕이 드러나자, 학생과 시민들의 저항은 점점 더 거세졌고, 군사 정권은 그 저항을 억압하였다.

그러나 억압에도 불구하고 학생과 시민들의 저항은 수그러들지 않았다. 오히려 점점 더 가열되었다. 매운 최루탄 가스에도 굴하지 않고 계속 시위하였다. 옥살이를 두려워하지 않았고 현실에 적응하지 않는 대가도 두려워하지 않았다.

경찰과 학생들의 대치가 점점 더 치열해지고 있던 87년 6월 29일 직선제 개헌을 약속하는 민주화 선언이 일어난다. 그 선언 이후 군사 정권은 종지부를 찍고, 민간 정권 사이에 합법적이고 평화로운 정권 교체가 30년 넘게 순조롭게 이루어지고 있다.

이제 다시 헌법을 바꾸어 장기집권을 꾀하거나, 직선제가 아니라 간선제로 대통령을 선출하려는 등 비합법적인 방법으로 정권을 연장하려는 시도가 일어날 가능성은 거의 희박해 보인다. 우리나라는 민주화 선언 이전의 독재 정권으로 다시 되돌아갈 가능성이 거의 없는 '비가역적(irreversible)' 민주화를 달성한 것으로 보인다.

그러나 민주화 선언과 더불어 군사 독재 정권이 물러가고, 평화로운 정권 교체가 아무런 이상 없이 30년이 넘는 동안 순조롭게 이루어지고 있지만, 평화로운 정권 교체 그 이상의 정치발전이나 그 이상의 민주화는 일어나지 않고 있다. '형식적 민주화'는 달성한 것으로 보이지만 '실질적 민주화'로는 한 걸음도 더 나아가지 못하고 있다.

군사 독재 정권만 물러가면 바로 정치발전이 본격적으로 시작될 것이라는 기대, 평화로운 정권 교체는 바로 문제해결을 위한 만병통치약일 것이라는 기대는 착각이었던 것이다. 우리나라 민주화는 평화로운 정권 교체에서 한 걸음도 더 나아가지 못하고 있다. 미완의 민주화인 것이다.

Ⅱ-1. 미완의 민주화와 민주화의 역설

민주화 선언 이후 1993년 김영삼 대통령이 취임함으로써 30여 년에 걸친 오랜 군사 정권이 끝나고 민간 정권이 들어섰다. 그리고 그 이후 민간 정권 사이의 정권 교체가 순조롭게 이루어지고 있다.

다시 독재 정권으로 회귀하려는 시도, 장기집권을 꾀하려는 시도가 일어날 가능성이 전혀 없다고는 할 수 없을 것이다. 그러나 현재 그 가능성은 희박한 것으로 보인다.

정치 이론가, 메일워링은 장기집권의 독재로 다시 회귀할 가능성이 사라진 것, 그리고 평화로운 정권 교체가 합법적으로 일어나고 있는 것을 '민주주의 공고화(consolidation of democracy)'라고 부르고 있다(스콧 메일워링 외, 17-19쪽).

그러나 평화로운 정권 교체가 순조롭게 일어나고 있는 것만으로, 그리고 독재로의 회귀 가능성이 희박한 것만으로 민주화가 완성되었다거나 민주주의가 공고화되었다는 그의 주장에는 동의하기 어렵다. 그것만으로 민주화가 완성된 것이 아니고, 민주주의가 공고화된 것이라고 보기 어렵기 때문이다.

민주화가 되었다면 무엇보다도 나라발전을 가로막고 있거나 또는 국민의 삶을 힘들게 만들고 있는 문제들이 해결되어야 할 것이다. 완성도 높은 정책이 개발되어 문제의 뿌리를 발본색원(拔本塞源)할 수 있어야 할 것이다. 그러나 민주화 이후 우리나라의 문제해결 능력은 높아지지 않고 있고 해결되어야 할 문제들은 해결되지 않고 있다.

정책개발 역량이 의심스러운 몇몇 사람의 아이디어가 제대로 검증과정도 거치지 않고 대선 공약으로 개발되고 있다. 그리고 그렇게 개발된 대선 공약이 우리나라 국가 '주요' 정책이 되고 있다. 물론 모든 대통령 후보의 대선 공약이 아니라 대통령으로 당선된 대통령 후보의 대선 공약만이 국가 '주요' 정책이 된다.

행정부는 그러나 거의 모든 국력을 총동원하여 국가 '주요' 정책, 국정과제를 가장 중점적으로 추진하고 있다. 그러나 정작 국가 '주요' 정책, 국정과제의 목적인 문제해결에는 실패하고 있다. 실패할 수밖에 없다.

부실하게 개발되고 있는 것만이 문제는 아니다. 대선 공약이 이념 편향적으로 개발·추진되고 있다. 원인 파악부터 원인 제거까지 현실에 근거한 문제해결보다는 진보좌파이거나 보수우파의 근본이념에 더욱 충실하여 대선 공약이 개발되고 있다. 그리고 각 정당의 이념에 맞는 특정 이해관계자의 입장만이 대선 공약에 반영되고 있다.

그러나 보수우파와 진보좌파의 근본이념에 충실하면 할수록 문제해결은 요원해진다. 변화된 현실을 반영하지 못하는 이념에 충실하거나, 현실의 일부만을 중시하는 이념에 충실하기 때문이고, 이념에 맞지 않는 이해관계자의 입장을 반영하지 못하기 때문이다.

그리고 민주화 이후 대통령이 바뀌는 5년마다 국가 '주요' 정책이 다 바뀌고 있다. 5년 단위의 단기 정책만이 국가 '주요' 정책으로 개발되고 있다.

5년 이내에 해결될 수 없는 문제들은 국가 '주요' 정책의 대상에서 배제되었다. 5년 이상의 해결 기간이 필요한 문제일수록 나라발전에 중요한 문제들이지만 그 문제들이 해결되지 못하고 있는 것이다.

민주화는 정권의 일방적인 정책개발에서 벗어나 국민 참여에 의한 정책개발을 추구한다. 위로부터(top-down)의 일방적인 정책개발로부터 아래로부터(bottom-up)의 의견을 수렴한 정책개발로의 전환을 추구한다.

그러나 민주화 이전과 다를 바 없이 정책 결정 과정에 국민은 여전히 참여하지 못하고 정책개발이 정권에 의해 일방적으로 이루어지고 있다. 국민은 여전히 스스로 능동적으로 결정하는 주체(subject)가 아니라 다른 주체가 결정한 것을 수동적으로 따라야 하는 객체(object)일 뿐이다.

독재의 정치체제는 정치에 주어진 권력이 나라발전을 위해서가 아니라, 권력자의 사적인 목적을 위해 사용된다는 문제, 곧 직권 남용의 문제를 갖고 있다. 따라서 민주화의 중요한 목표는 권력이 집권자의 사적인 목적을 위해서가 아니라 나라발전과 공공의 목적을 위해 사용하도록 전환하는 것이다(이근식, 229).

민주화 이전과 비교하여 사적인 목적을 위해 권력을 사용하는 정도가 등이 많이 줄어들기는 하였다. 그러나 정치 권력은 여전히 공공의 목적을 위해 또는 나라발전을 위해 사용되지 않고 있다.

민주화 이후 각 정권마다 문제를 해결하기 위해 많은 노력을 기울이고 있다. 정권마다 국정과제를 성공적으로 완수하기 위해 상당히 많은 재정을 투입하고 거의 모든 행정력을 총동원하고 있기도 하다.

그러나 정작 문제는 해결되지 않고 있다. 각 정권이 들어설 때마다 국가 '주요' 문제들을 해결하겠다고 선언하고 있지만, 문제해결에 성공한 정권은 거의 없다. 문제의 원인을 제대로 파악하고 그 문제의 원인을 제대로 해결할 수 있는 정책을 개발하지 못하고 있기 때문이다.

청년실업의 문제해결의 경우를 예로 들어보자. 70%의 대학진학률이 낮추지 않으면, 청년실업률이 줄어들지 않을 것이고, 사교육비와 공교육 붕괴 등의 문제들이 계속 발생할 것이다. 중·고등학생들은 입시지옥에서 벗어나지 못하고 있고, 대학 졸업장이 삶의 무거운 짐이 되고 있다(조선, 2019.12.24.). 그러나 대학진학률을 낮추기 위한 정책개발은커녕 대학진학률이 왜 높은지, 대학진학률을 낮추기 위해서는 무엇을 어떻게 하여야 하는지에 대한 진지한 토론조차 찾아보기 힘들다.

정권마다 일·가정 양립의 문제를 해결하겠다고 하고 있지만, 어느 정권도 이 문제를 근본적으로 해결하지 못하고 있다. 해결하는 시늉만 하고 있을 뿐이다. 그 결과 부부갈등이 심각한 수준에 이르고 여성의 경력단절이 전혀 해결되지 않고 있다.

또한 전 세계에서 가장 빠른 속도로 진행되고 있는 저출산·고령화를 해결하기 위해 많은 예산과 정책을 투입하고 있지만, 합계 출산율은 올라가는 것이 아니라 점점 더 떨어져 2018년 0.89가 되었다. 만약 저출산·고령화가 지금과 같은 속도로 지속된다면, 무엇보다는 점점 높아지는 노인부양비율을 감당할 수 없게 될 것이다.

비수도권의 인구 감소와 농어촌 고령화·공동화가 매우 급속하게 진행되고 있지만, 수도권 인구 집중의 문제를 전혀 해결하지 못하고 있다. 이를 방치하면 수도권이나 대도시 이외의 지역은 점점 더 낙후되어갈 것이다.

매우 많은 국력을 쏟아부으면서 대통령과 국회의원을 선출하고 행정부를 운영하고, 많은 예산과 행정력을 투입하여 국정과제를 추진하고 있지만, 정작 해결되어야 할 문제는 해결되지 않고 있다. 국가 '주요' 정책이 문제해결의 벨트에 걸려있지 않고 헛바퀴 돌고 있다. 잘못된 정책의 추진에 국력을 소진하고 있는 것이다. 정책 실패이고 국력 낭비이다.

우리나라 민주화는 민주화로 나아가기 위한 최초의 장애물을 넘어섰을 뿐, 그 다음 단계의 민주화로 한 걸음도 더 나아가지 못하고 있다. 정책 실패가 반복되고 있고, 문제해결이 안 되고 있고, 나라가 헛돌고 있고, 국력이 낭비되고 있다.

평화로운 정권 교체만 이루어지면 우리나라가 안고 있던 문제들이 해결되고 국민의 의견이 수렴되는 정치가 이루어질 것이라는 믿음은 순진한(naive) 믿음이었던 것이다.

민주화의 결실로 등장하였거나 또는 민주화의 버팀목으로 등장한 세 복병이 민주화의 의도하지 않은 결과(unintended consequences)를 야기하고 있기 때문이다. 민주화를 위한 뜨거웠던 열망과는 정반대의 방향으로 나라를 끌고 가고 있다. 민주화의 역설이다.

Ⅱ-2. 민주화 과정에서 출현한 복병

민주화 이후 '대통령 임기 5년 단임제'의 복병이 등장하면서 5년 이내의 단기 정책만이 국가 '주요' 정책으로 개발되고 있다. 중장기 정책이 개발되지 않고 있고 그에 따라 중장기적 해결이 필요한 문제들은 국가 '주요' 정책의 대상이 되지 못하고 있다.

그리고 '이념편향의 양대 정당'의 복병이 등장하면서 좌편향이나 우편향의 정책만이 국가 '주요' 정책으로 개발되고 있다. 그에 따라 집권하는 정당에 따라 나라 전체가 보수우파로 기울었다가 진보좌파로 기울기를 반복하고 있다.

'대통령 임기 5년 단임제'와 '이념편향의 양대 정당'의 두 복병보다 우리나라 정치발전을 더 심각하게 가로막고 있는 것은 '대선 공약'의 복병이다. 우리나라 모든 국가 '주요' 정책은 대선 공약을 통해 개발된다. 대선 공약으로 개발되어야만 우리나라 국가 '주요' 정책이 될 수 있다. 따라서 대선 공약은 매우 빈틈없고 치밀하게 개발되어야 하지만, 그러나 정반대로 매우 부실하고 졸속으로 개발되고 있다.

나라발전에 가장 중요한 핵심은 완성도 높은 국가 '주요' 정책의 개발을 통한 문제의 근본적 해결이다. 그런데 우리나라는 문제의 근본적 해결에 실패하고 있다. 그 결과 해결되지 않은 문제들이 쌓여가고 있다.

II-2-1. 대선 공약

정책개발은 정치 고유의 권한이다. 정치가 그 권한을 제대로 활용하는 나라가 있는가 하면, 그렇지 못한 나라가 있다. 정치의 정책개발 권한을 제대로 활용하는 나라는 완성도 높은 정책, 문제해결 능력이 높은 정책을 개발하고 있는 나라이고, 그렇지 못한 나라는 완성도 낮은 정책, 문제해결 능력이 낮은 정책을 개발하고 있는 나라이다.

전자는 문제를 정확하게 진단(diagnosis)하고 그 진단에 따라 정확한 처방(therapy)을 추진하는 나라라면, 후자는 그렇지 못한 나라이다. 전자는 발전하는 나라이고 후자는 퇴보하는 나라이다.

문제해결(problem-solving)은 정책(policy)을 통해서 이루어진다. 순수 학술적 연구의 목적이 아직 알려지지 않은 '새로운 사실의 발견'(eureka)이라면, 정책 연구의 목적은 문제해결이다.

문제가 있는 현재의 상태를 진단하고 그에 대한 처방을 제시하여 향후 문제가 없는 상태를 만드는 것이다. 현재의 '바람직하지 않은 상태(as is)'를 향후 '바람직한 상태(to be)'로 바꾸는 것이다.

이러한 의미에서 정책의 목적은 오스트리아의 경제학자 조셉 슘페터가 말하는 창조적 파괴(destructive creation)이고, 혁신(innovation)이다. 더 나은 세상을 만들기 위한 변화이다.

정책의 창조적 파괴는 네 단계로 진행된다. 문제의 파악, 문제 원인의 규명, 문제 해결방법의 모색, 문제의 해결이 그것이다. 우리나라 정책도 겉으로 보기에는 창조적 파괴의 네 단계를 모두 밟고 있는 것처럼 보인다.

그러나 우리나라 정책은 문제의 원인조차 제대로 규명하지 못하고 있는 상태에서 개발되고 있고, 따라서 제대로 된 문제 해결방법을 제시하지 못하고 있다. 그 이유 가운데 가장 큰 이유는 다수의 정책전문가와 다수의 이해관계자가 참여하지 않은 상태에서 갑론을박의 토론도 없이 정책이 개발되고 있기 때문이다.

헤겔은 국가를 몇몇 소수의 지식이 아니라, 다수의 지식을 반영한 최상위의 지식, 절대지(absolutes Wissen)와 동일시하였다. 절대지는 정(正)-반(反)-합(合)의 변증법적 지양(dialektische Aufhebung)의 과정의 마지막 단계에서 도달하게 된다. 다수의 지식(正)이 모두 반(反)으로 수용되었을 때 도달하게 된다.

정(正)이 본인의 지식이라면, 반(反)은 상대방의 지식이다. 합(合)은 상대방의 지식(反)에 의해 본인 지식(正)의 부족하였던 부분이 보완된 것이고, 상대방의 지식이 본인의 지식에 의해 보완된 것이다.

이러한 변증법적 지양은 일회적으로 일어나지 않는다. 본인이 만나는 다수에 의해서 그리고 상대방이 만나는 다수에 의해서 수없이 많은 변증법적 지양이 일어난다. 그 과정을 통해서 정(正)과 반(反)의 지식이 동반 향상된다.

변증법적 지양이 지속되면 지속될수록, 그만큼 상대방의 지식에 의해 자신의 부족했던 지식이 보완되고, 본인 지식에 의해 상대방의 부족했던 지식이 보완된다.

본인 지식은 수없이 많은 다른 상대방의 지식에 의해 보완되고 상대방의 지식 역시 수없이 많은 다른 상대방의 지식에 의해 보완된다. 변증법적 지양은 다수의 정(正)과 다수의 반(反)의 지식을 모두 고양시킨다.

물론 헤겔의 변증법은 논리적으로만 추론 가능할 뿐 현실적으로 일어나기 힘든 일이기는 하다. 그 이유는 마지막 반까지 수용하여 합에 이르는 것, 모든 사람이 변증법적 지양의 과정에 참여하는 것

등은 논리적으로는 가능하지만 현실적으로 실현 불가능에 가깝기 때문이다.

그럼에도 불구하고 정책개발의 관점에서 절대지에 이르는 과정에 대한 헤겔의 추론은 완성도 높은 국가 정책을 개발하기 위해서 거쳐야 하는 과정에 대한 지혜(知慧)를 제공한다. 상대방의 지식(反)을 가능한 한 많이 수용(合)하여야 한다는 지혜가 그것이다.

그 지혜는 완성도 높은 정책을 개발하기 위해서는 현재 개발 중인 정책, 정(正)의 부족한 부분을 다른 다수의 정책전문가의 정책 아이디어(反)에 의해 보완되어야 하고, 다양한 이해관계자의 입장(反)에 의해 보완되어야 한다는 것이다.

곧 완성도 높은 정책을 개발하기 위해서는 특정인 몇몇에 의한 정책개발이거나 특정 정파 소속 인물의 참여에 의한 정책 개발이 아니라, 정책전문가 다수와 이해관계자 다수에 의한 이의제기(反)가 현재 개발 중인 정책(正)에 지속적으로 변증법적 지양(合) 될 수 있도록 해야 한다는 것이다.

군이 헤겔을 원용하지 않더라도 국가를 움직이는 정책이 되기 위해서는 정책전문가들의 다양한 의견(反)과 이해관계자의 다양한 입장이 가능한 한 많이 수용되어야 한다는 것은 자명한 사실이다. 그러한 과정을 거쳐야 완성도 높은 정책이 개발될 것이고, 완성도 높은 정책이 개발되어야 정책의 문제해결 능력이 높아질 것이기 때문이다.

소수에 의해 토론도 없이 정책이 개발된다면 더구나 특정 정파 소속의 인물들에 의해서만 정책이 개발된다면, 정책에 반영되어야 할 다양한 변수들을 빠짐없이 반영하기 힘들 것이고 특정 정파의 이념에 따른 변수들만이 반영될 것이기 때문이다.

그러나 우리나라에서는 현재 다수의 참여에 의한 변증법적 지양이 없는 상태에서 '대선 공약'이 개발되고 있다. 외부로부터 차단된 상태에서 몇몇 소수의 공약개발자에 의해서 그것도 두세 달의 짧은 시간 내에 충분한 검토의 과정도 거치지 않은 채 개발되고 있다.

한두 사람의 공약개발자가 다른 정책전문가나 다른 이해관계자의 의견(反)을 수용하는 과정도 없이 대선 공약이 개발되고 있고 그 대선 공약이 국가 '주요' 정책이 되고 있다. '특정인의 생각이 국가를 지나치게 흔들고 있는 것'이다(곽노성, 27쪽).

그로 말미암아 완성도 낮고, 사각지대 많은 국가 '주요' 정책이 개발되고 있다. 갑론을박(甲論乙駁)의 여지가 많은 미완성의 정책이 수정도 거치지 않고 국가 '주요' 정책으로 개발되고 있다.

각 당에서 경선을 거쳐 대통령 후보가 결정되면, 각 당은 대통령선거운동본부를 발족하고 본격적인 대통령선거운동에 돌입한다. 대통령선거운동본부에서는 여러 대통령선거운동조직들을 출범시키는데, 대선공약단은 그 조직의 하나이다.

각 당의 대통령선거운동본부에서는 각 당 국회의원을 중심으로 대선 공약개발자의 추천을 받아 각 분야별로 대선 공약개발자들을 초빙한다. 각 당에 초빙된 공약개발자들은 모든 국가 '주요' 문제들을 대선 공약으로 다 해결할 수 있음을 보여주어야 한다. 그것도 경쟁적으로 다른 당보다 더 잘 해결할 수 있음을 보여주어야 한다.

그에 따라 대통령 후보의 대선 공약에는 나라가 안고 있는 모든 문제를 해결할 수 있음을 앞다투어 과시하고 있다. 현재의 문제점(as is)을 개선하여 더 나은 미래(to be)를 만들 수 있다는 장밋빛 청사진으로 가득하다.

대통령 후보가 대통령으로 당선되면 대통령 당선 직후에서 대통령 취임까지의 약 2달여 기간 동안 대통령 당선인은 취임 이후 추진하고자 하는 국정 목표에 맞추어 각종 계획을 수립하고 정부조직을 개편하는 등 각종 업무를 수행하기 위해 대통령직인수위원회를 발족한다.

대통령직인수위원회는 대통령 당선인과의 긴밀한 논의를 거쳐, 취임 이후 새 정부가 추진하고자 하는 다양한 구상을 점검하고 확정한다. 새 정부의 국정 목표를 확정하고, 정부의 조직을 개편하고, 장·차관 등에 대한 인사 등을 진행한다.

그 가운데 중요한 일은 대통령 당선인이 대통령 후보 시절 개발하고 발표하였던 대선 공약을 국정과제로 전환하는 일이다. 대통령직인수위원회에서는 300~400여 개에 이르는 대선 공약을 각 해당 행정부에 전달하여 행정부로 하여금 대선 공약의 이행 계획을 수립하도록 한다.

행정부가 대선 공약의 이행 계획을 수립해 오면, 대통령직인수위원회 각 분과의 인수위원들과 전문위원들은 대선 공약의 이행 계획을 몇 차례 검토한다. 검토 결과 대선 공약이 순조롭게 이행될 것이라고 판단되면, 유사한 대선 공약 서너 개를 묶어 국정과제로 만든다.

이렇게 만들어진 국정과제를 대통령이 최종적으로 검토하여 승인하게 되면 대선 공약은 국정과제로 확정된다. 그리고 대통령 취임과 동시에 국정과제들은 각 해당 행정부에 전달된다.

행정부가 대통령 임기 5년 동안 수행하여야 할 가장 우선적이고 중요한 임무는 국정과제를 성공적으로 추진하는 것이다. 국정과제를 성공적으로 추진하는 것보다 행정부에 주어진 더 우선적인 과제는 없다.

그에 따라 각 행정부에서는 국정과제가 전달되자마자 국정과제를 성공적으로 추진하기 위해 필요한 만반의 준비에 돌입한다. 예산계획과 입법안 등 수립과 수립 시기를 위한 단계별 세부 계획, 그리고 국정과제와 연관된 이해관계자들의 의견 수렴과 조율을 위한 단계별 세부 계획, 국정과제 추진의 로드 맵(road map)을 작성한다.

청와대에서는 행정부가 국정과제를 성공적으로 추진하도록 독려하고, 여당 국회의원들은 국정과제 이행에 필요한 입법안과 예산안이 통과될 수 있도록 지원한다. 그리고 국무총리실에서는 각 행정부의 국정과제 이행 과정을 지속해서 모니터링하고 각 행정부별로 국정과제의 이행 정도에 따라 평점을 매긴다.

국정과제가 행정부의 가장 중요한 업무이자 과제라는 사실은 연초마다 대통령에게 보고하는 행정부의 업무계획에서 확인된다. 행정부의 업무계획에서 가장 우선적이고 가장 많은 분량을 차지하고 있는 것은 단연 국정과제 추진계획이다.

행정부의 업무계획에는 국정과제 추진계획 이외에도 각 행정부가 국가 운영을 위해 필요한 통상적인 업무나 행정부가 자체적으로 수립한 각종 정책이 부분적으로 포함되어 있기도 하다. 그러나 행정부가 자체적으로 수립한 정책들은 국가 '주요' 정책이 아닌 소규모 정책들이다. 대다수 국민과 연관된 국가 '주요' 정책과는 구분되는 것들이다.

겉으로 보기에 이 과정은 전혀 문제가 없는 것으로 보인다. 민주화 이전보다 발전한 것으로 보인다. 군사 정권 시절에는 없었던 대통령 후보들 사이의 대선 공약의 경쟁이 활발해졌고 더 나은 대선 공약을 국민이 선택할 수 있게 되었고 그리고 대통령이 대선 공약의 약속을 지키기 위해 노력하고 있기 때문이다.

그러나 대선 공약에 의해 우리나라 국정과제 곧 국가 '주요' 정책이 결정됨으로써 발생하는 문제는 매우 심각하다. 대통령 후보 시절 개발된 대선 공약에 의해, 각 행정부가 가장 우선적으로 가장 중요하게 추진하여야 할 모든 국가 '주요' 정책이 결정되고 있는 것, 그리고 새로운 대통령이 취임함과 동시에 국가의 모든 '주요' 정책이 한꺼번에 다 바뀌고 있는 것 등이 그렇다.

그에 더하여 이념편향의 양대 정당 사이에 정권 교체가 일어나면, 이념적으로 전혀 동의할 수 없는 이전 정권이 추진하던 정책은 수정되거나 폐기되고 있는 것, 그리고 그 결과 진보좌파의 정책이든 보수우파의 정책이든 어느 정책도 제대로 뿌리내리지 못하고 있는 것 등이 그렇다.

이 문제들보다 더욱 심각한 문제는 국가 '주요' 정책이 되기에는 대선 공약이 '부실하게' 개발되고 있는 것이다. 완성도 높은 정책 하나를 개발하기 위해서는 수십 명의 정책전문가들이 참여하여도 충분하지 않을 수 있다. 그런데 300~400개의 대선 공약을 150~200여 명 남짓의 인원이 개발하고 있다. 공약개발자 한 사람당 평균 2~3개 정도의 대선 공약을 개발하고 있는 것이다.

하나의 완성도 높은 정책이 개발되려면 충분한 개발 기간이 필요하지만, 대선 공약은 두 달 남짓의 기간 동안에 개발되고 있다. 국가 전 영역에 걸친, 가장 중요한 국가 '주요' 정책임에도 불구하고 정해진 시간 내에 개발되고 있다.

그에 더하여 공약개발자들은 대부분 대선공약단에 전일제로 근무할 수 없는 직장 근무자들이다. 따라서 일주일에 몇 번의 회의를 거쳐 대선 공약이 개발될 수밖에 없다. 개발 중인 대선 공약에 대해 토론할 시간조차 부족하다.

또한 공약개발자들 모두 일정한 수준 이상의 정책개발 역량을 갖고 있어야 할 것이지만, 공약개발자들 가운데에는 그렇지 못한 공약개발자들도 다수 포함되어 있다. 주로 국회의원의 인맥에 의존하여 공약개발자가 선발되기 때문이다(진덕규, 194).

그뿐만이 아니다. 대선 공약은 대외비·비공개의 조건에서 개발되는 대선 공약은 대선공약단 이외의 정책전문가들이나 이해관계자, 또는 일반 국민의 참여를 배제하고 있다. 그들의 의견제시의 기회가 없는 것은 물론 비판과 감시의 눈에서 벗어나 개발되고 있다.

그리고 대선 공약은 선거승리용의 목적으로 개발된다. 따라서 상대방 후보의 대선 공약보다 더 그럴듯한 약속, 인기영합주의적 약속을 포함시키기 위해 노력하고, 상대방 후보보다 더 많은 국민의 지지를 확보하기 위해 공약(公約)이 아닌 공약(空約)이 남발되고 있다.

대외비·비공개의 조건은 선거승리용의 목적을 달성하기 쉽게 만들어주고 있다. 특히 포퓰리즘을 남발하기 좋게 해주고 있다. 외부 전문가들의 날카로운 비판을 피해 나랏돈을 마치 선거자금처럼 아낌없이 사용하게 해주고 있다.

꼭 필요하지 않은 곳에 나랏돈을 퍼붓기 쉽게 해주고 있다. '복지'라는 핑계로 각종 수당을 신설하고 증액하게 해주고, '지역균형발전'이라는 명목으로 각 지역에 SOC(social overhead capital) 사업을 추진하게 해주고 있다.

이와 같이 부실하게 완성도 낮게 인기영합주의적으로 대선 공약이 개발되고 있지만, 대통령 후보 스스로는 대선공약단에서 개발하고 있는 대선 공약을 꼼꼼하게 검토하기 어렵다. 검토할 수 있는 물리적인 시간이 절대 부족하기도 하지만, 모든 국가 '주요' 정책을 포괄하는 복잡하고 다양한 대선 공약의 내용을 정확하게 파악할 수도 없다.

대통령 후보로서는 참모로부터 대선공약단이 열심히 훌륭한 공약을 개발하고 있고, 그 개발 중인 대선 공약에는 아무런 문제가 없다는 보고를 믿을 수밖에 없을 것이다. 문제는 대통령으로 당선되고 대선 공약이 국정과제가 되어 국가 '주요' 정책으로 추진되면, 대선 공약이 야기하는 문제에 대한 모든 책임은 모두 대통령의 몫으로 돌아온다는 것이다.

대통령 선거를 눈앞에 둔 대통령 후보는 매우 많은 일정을 눈코 뜰 새 없이 소화하여야 한다. 각 지역 유세 일정이 빠듯하게 잡혀있는 데다가, 지지를 호소하기 위해 만나야 할 '주요' 인사들도 많고, 정책적으로나 정무적으로 참모들과 긴밀하게 하여야 할 회의들도 많다.

유권자들에게 자신을 보다 잘 알리기 위해서 이미지 관리도 해야 하고, 다른 대통령 후보들과의 TV 토론도 준비해야 한다. 그뿐만이 아니다. 대선 기간 동안 발생하는 여러 현안에 대한 입장도 준비하고 발표도 하여야 한다.

이 와중에 개발 중인 대선 공약을 점검하는 것은 후보가 소화해야 하는 여러 과정 가운데 하나일 뿐이다. 자신이 평소에 관심을 갖고 있던 몇몇 공약들이나 대통령 후보가 되기 전에 했던 각종 공식 석상에서 후보가 했던 발언 등을 제외하고는, 개발 중인 공약의 내용을 다 파악하는 것은 불가능하다.

워낙 바쁘고 해야 할 일이 많기도 하지만, 대선 공약이 대통령 당선에 미치는 영향이 그렇게 크지 않은 것도 대통령 후보가 대선 공약에 그렇게 많은 관심을 두지 않는 이유일 것이다.

고정지지층의 경우 대선 공약에 따라 지지 후보를 바꾸는 경우가 거의 없고, 중도층의 경우 각 대통령 후보들의 대선 공약을 비교하여 투표할 후보를 결정하는 경우가 그렇게 많지 않다. TV 토론 직전에 쏟아지는 여러 대통령 후보들의 수많은 공약을 한꺼번에 다 이해하고 비교하고 난 이후 투표를 결정하는 것은 쉽지 않은 일이기 때문일 것이다.

그리고 공약보다는 대통령 후보의 이미지나 인물 됨됨이 등이 유권자들이 지지자를 결정하고 있기도 하다. 이러한 이유들로 말미암아 대통령 후보나 대통령선거운동본부에서도 완성도 높은 대선 공약을 개발하는 것에 그렇게 많은 관심을 두지 않고 있는 것일지도 모른다.

이처럼 대통령 후보 스스로도 대선 공약의 내용을 구체적으로 제대로 파악할 수도 없고 파악하지도 못하고 있음에도 불구하고, 대통령 후보가 대통령으로 당선되고 나면, 대선 공약은 임기 5년 동안 대통령이 가장 중요하게 수행하여야 할 과제가 된다.

대통령 취임과 동시에 17개 행정부의 수장인 대통령이 짊어진 의무는 행정부로 넘어간다. 행정부에게 국정과제의 성실한 추진은 행정부의 수장이자 장·차관의 임명권자인 대통령의 준엄한 지상명령이나 다름없다.

혹시 행정부가 보기에 최선을 다해 추진한다고 하더라도 성공할 가능성이 거의 없는 국정과제이거나, 혹시 추진하면 할수록 역효과가 커지는 국정과제라고 할지라도 행정부는 그 국정과제의 수정을 제안하지 않는다.

또는 재정 부담이 큰 국정과제일지라도, 그리고 이념에 보다 충실하여 문제해결을 왜곡하는 국정과제일지라도 수정을 제안하지 않는다. 그리고 어느 한쪽 이해관계자의 이해만이 반영되어 있는 국정과제라고 하더라도 행정부에서는 그 국정과제에 대해 굳이 문제를 제기하려고 하지 않는다.

17개 행정부의 임무는 주어진 국정과제를 묵묵히 이행하는 일이다. 각 행정부 장·차관은 대통령이 임명한 사람이고, 청와대에서 각 행정부 고급 공무원의 인사권까지 쥐고 있다. 그리고 국무총리실과 청와대에서 국정과제의 이행 과정과 단계를 꼼꼼히 점검하고 있다. 각 행정부로서는 국정과제를 성실히 이행하지 않을 수 없다.

우리나라 17개 각 행정부는 각 행정부 소관의 현안과 과제에 대해서 다른 어떠한 국가기관보다 많은 정보를 가지고 있다. 무엇이 문제이고 그 문제로 말미암아 어떠한 일이 발생하고 있고, 그리고 그 문제를 해결하기 위해 어떠한 방법들이 있는지도 가장 잘 알고 있다.

그럼에도 불구하고 대통령직인수위원회에서 대선 공약의 이행계획을 수립해달라는 요청이 오면, 행정부는 대선 공약의 수정을 요청하지 않는다. 그 대신 대선 공약에 아무런 문제가 없다는 듯이 대선 공약의 이행 계획만을 충실하게 수립하여 대통령직인수위원회에 제출한다.

대통령직인수위원회에서는 행정부가 수립한 대선 공약의 이행 계획을 검토하여 보완점이 있으면, 행정부에 보완요청을 한다. 이렇게 대선 공약의 이행 계획에 대한 검토와 행정부의 보완이 몇 차례 진행되다가 대통령직인수위원회에서 대선 공약이 성공적으로 이행될 수 있을 것이라고 판단되면, 대선 공약 서너 개를 묶어 국정과제로 만든다. 대통령 당선인의 최종 검토를 거쳐 국정과제로 승인되면 더 이상의 수정은 불가능하다.

대선 공약을 수정할 수 있는 마지막 가능성은 대통령직인수위원회에 있다. 그러나 심각한 문제가 있는 대선 공약을 발견하였다고 하더라도 대통령직인수위원회에서 대선 공약을 수정하지는 않는다.

대통령직인수위원회의 임무는 대선 공약의 이행 계획에 대한 검토를 거쳐 국정과제를 확정하는 것이지, 대선 공약에 들어있는 문제점을 발견하고 대선 공약을 수정하는 것이 아니기 때문이다.

그리고 대선 공약의 수정을 요청하는 것은 대통령 당선인의 권위에 도전하는 매우 무례한 일이고, 정식으로 취임하기도 전에 국민과의 잘못된 약속으로 대통령으로 당선되었다는 것을 공표하는 일이고, 국민과의 약속을 저버리는 대통령을 만드는 일이기 때문이다.

대통령 당선인에게도 대선 공약을 수정하는 일은 내키지 않는 일이다. 취임 전부터 약속을 어기는 대통령의 이미지, 당선되고 나니 공약을 바꾸는 대통령이라는 이미지를 국민에게 각인시키는 일이기 때문이다. 그리고 그것은 국정 지지도를 떨어뜨려 국정 운영의 동력을 약화시키는 일이기 때문이다.

정권 내부의 사람들, 여당 사람들이나 여당과 같은 이념을 지향하는, 여당과 같은 진영의 같은 사람들에게도 마찬가지이다. 대선 공약에 들어있는 문제를 발견하였다고 하더라도 그 문제를 지적하는 것은 대통령에 대한 도전으로, 그리고 야당을 이롭게 하는 이적(利敵) 행위나 다름없는 것이기 때문이다.

오로지 야당이나 야당 진영의 언론과 국민, 지식인들은 대선 공약의 문제점에 대한 비판을 거세게 제기한다. 대선 공약이 부실하게 개발되었을 뿐만 아니라, 포퓰리즘이 포함되어 있기도 하고, 특정 이해관계자의 입장만이 반영되어 있다고 비판한다.

여당에서는 그러나 야당의 국정과제에 대한 비판을 단호히 무시한다. 야당의 비판을 전혀 귀담아듣지 않는 것으로 대응한다. 집권 여당으로서는 야당의 비판을 수용하지 않고 국정과제를 꿋꿋하게 추진하는 것이 지지율의 하락을 막기 위해 필요한 일이지만, 야당의 입장에서는 여당의 지지율을 하락시키기 위해 비판의 여지가 많은 국정과제를 추진하고 있는 정권에 비판의 공세를 높이는 것이 중요하기 때문이다.

정권이 교체되면 여당과 야당의 입장은 완전히 뒤바뀐다. 자신들이 집권하고 있을 당시에는 야당의 국정과제에 대한 비판을 전혀 귀담아듣지 않았던 여당이 야당이 되면 국정과제에 대한 비판을 쏟아낸다. 그리고 거꾸로 자신들이 집권하지 않았을 당시 국정과제에 대한 비판을 쏟아내었던 야당이, 여당이 되면 야당의 국정과제에 대한 비판을 전혀 귀담아듣지 않는다.

야당의 부실한 국정과제에 대한 비판은 옳지만, 그렇다고 국정과제의 추진을 야당이 멈추게 할 수는 없다. 국정과제에 대한 야당의 비판에도 불구하고, 여당은 국정과제의 추진을 멈출 수 없다. 국정과제의 추진을 멈추게 하려는 야당과 국정 과제를 추진하려는 여당 사이의 정쟁이 치열해질 수밖에 없다.

만약 대선 공약이 부실하게 개발되지 않았고, 대선 공약이 이념 편향적이지 않고 포퓰리즘적이지 않다면, 국정과제에 문제를 제기하며 그 추진을 적극적으로 막으려는 야당과 국정과제를 적극적으로 추진하려는 여당 사이의 대립(對立)과 정쟁(政爭)이 이렇게 치열하지는 않았을 것이다.

우리나라 양대 정당의 치열한 정쟁의 근원지는 부실하고 이념 편향적이고 포퓰리즘적인 국정과제인 것이다. 따라서 그 정쟁은 전혀 발전적이지 않은 정쟁이다. 보다 나은 결과에 도달하기 위한 정쟁이 아니라, 서로 지지율을 높이기 위한 정쟁일 뿐이고, 나라를 양대 진영으로 분열하게 만들 뿐인 정쟁이다.

여당과 야당이 서로 다른 의견의 충돌, 정쟁이 국회의 '주요' 기능

중의 하나임을 인정할 수 있다. 그러나 우리나라 정쟁이 심각한 것은 나라발전을 가로막는 비생산적 정쟁이기 때문이고, 문제해결과는 무관한 정쟁이기 때문이다.

일반적으로 대선 공약을 잘 지키는 것이 잘 지키지 않는 것보다 바람직한 것으로 받아들여지고 있다. 일반적으로 공약(公約)을 잘 이행하지 않으면, 공약(公約)이 아니라 공약(空約)이라고 비판하기도 한다.

'주권의 위임은 공약을 매개로 이루어지기' 때문에 공약을 뒤집는 일은 정당과 의회, 정부의 존재 이유를 회의하게 만든다는 지적도 있다(박상훈, 152-153쪽). 그리고 공약이 얼마나 잘 이행되고 있는지 모니터링을 하는 매니페스토(manifesto) 단체도 있다.

그러나 공약은 국민과의 약속이므로 공약이 잘 지켜져야 한다는 것은 완성도 높은 대선 공약이라는 전제 하에 설득력을 가질 수 있는 주장이다. 대선 공약의 성실한 이행을 강조하기 이전에 우리나라 대선 공약이 완성도 높게 개발되는지를 우선적으로 점검하여야 할 것이다.

곧 주권의 위임이 대선 공약을 매개로 이루어지기는 하였지만, 부실하고 이념 편향적으로 그리고 포퓰리즘적으로 개발된 대선 공약을 철저하게 이행하는 것이 과연 바람직한 것인지, 그것이 나라발전을 위한 것인지 진지하게 질문해보아야 한다.

부실하고 이념 편향적이고 단기 중심이고, 선거승리용으로 개발된 국가 '주요' 정책에 대한 모든 책임은 대통령에게 있다. 유감스럽게도 대통령으로 당선되고 대통령으로 취임하자마자 실패한 대통령이 되는 길로 접어들고 있는 것이다. 대통령 실패가 이미 대선 공약에 프로그램화되어 있는 것이다.

II-2-2. 5년 단임제의 대통령 임기

민주화 이후 장기집권의 야욕을 차단하기 위해 대통령 임기를 5년 단임제로 제한하는 개헌안이 통과되었다. 그에 그치지 않고 단임제를 중임제로 개헌한다고 하더라도 그 적용은 차기 대통령부터 한다는 추가보완조항까지 추가해 놓았다.

헌법을 바꾸어가며 장기집권을 꾀하였던 과거의 불행한 경험을 되풀이하지 않도록 하기 위한 것이었다. 실제로 이승만 대통령은 1954년 사사오입 개헌을 통해 장기집권을 꾀하였고 박정희 대통령은 1969년의 3선 개헌과 1972년의 유신 헌법을 통해 중임제한 규정을 아예 헌법에서 삭제하였던, 역사적 경험이 있었다.

이처럼 헌법에 이중의 안전장치까지 마련해놓은 탓인지 지금까지 5년마다 평화롭고 합법적인 정권 교체가 순조롭게 이어지고 있다. 특히 보수우파와 진보 좌파 사이의 정권 교체도 합법적으로 순조롭게 진행되고 있다.

그러나 '대통령 임기 5년 단임제'가 우리나라 정치발전에 기여하고 있는 부분은 집권자로 하여금 과거와 같이 장기집권의 야욕을 갖지 못하게 만든 것까지이다. 그를 넘어서면 대통령 임기 5년 단임제의 복병은 여러 측면에서 정치발전을 방해하고 있다.

'대통령 임기 5년 단임제'는 우리나라 국가 '주요' 정책의 추진 기간을 5년으로 제한해 놓았다. 그로 말미암아 5년 이상의 추진 기간이 소요되는 대선 공약은 개발조차 되지 않고 있다. 대통령의 임기 내에 추진할 수도 없고 다음 대통령의 권한을 침범하는 것이기 때문이다.

그 결과 우리나라에서는 중장기 정책이 사라졌다. 10년이나 30년, 또는 그 이상의 중장기적인 해결이 필요한 문제들이 있지만, 그러한 문제들을 해결하기 위한 정책은 개발되지 못하고 있다.

중장기적 해결이 필요한 문제들은 대부분의 경우 그 원인이 하나가 아니라 여럿이다. 그 원인들은 서로 영향을 미치기도 하고 전혀 영향을 미치지 않기도 한다. 문제의 원인이 여럿인 경우 그 원인들은 근본 원인과 파생 원인으로 나누어진다.

근본 원인은 파생 원인을 파생시키고, 파생 원인은 문제를 발생시킨다. 겉으로 보기에 파생 원인이 문제의 원인인 것처럼 보인다. 파생 원인이 문제를 보다 직접적으로 발생시키고 있기 때문이다. 그래서 파생 원인만 해소하면 문제가 해결될 것으로 보인다.

그러나 파생 원인의 해소만으로 문제는 해결되지 않는다. 근본 원인이 해소되지 않았다면, 해소되지 않은 근본 원인에 의해 파생 원인이 다시 파생되기 때문이다. 문제가 해결되기 위해서는 근본 원인이 해소되어야 한다. 근본 원인이 해소되면 파생 원인이 파생되지 않을 것이고, 파생 원인이 파생되지 않으면 문제가 발생하지 않을 것이기 때문이다.

문제는 근본 원인을 해소하기 위해서는 5년 이상의 추진기간이 필요하지만, 5년 이상의 추진기간이 필요한 대선 공약은 개발되지 않고 있다는 것이다. 5년 이상의 추진 기간이 필요한 근본 원인의 해소는 정책 대상에서 제외되고, 5년의 추진 기간 이내에 해소 가능한 파생 원인만이 정책 대상이 되고 있다는 것이다.

그 결과 현재 중장기적 해결이 필요한 문제들은 해결되지 못하고 있다. 해소되지 않은 근본 원인에 의해서 파생 원인이 다시 파생되고, 파생된 파생 원인에 의해서 문제가 다시 발생하고 있기 때문이다.

중장기적 해결이 필요한 교육 문제들에는 대학진학률 70%, 인력 수급의 불일치, 청년실업, 저출산, 공교육 붕괴, 사교육비 부담, 주입식·암기식 교육, 인성 교육의 실패, 창의적 인재 육성의 실패, 다양한 잠재력 개발의 실패 등이 있다. 이 문제들의 근본 원인은 '서열 높은 대학 진학만이 유일한 사회적 성공의 통로'이고 이 문제들은 '서열 높은 대학 진학만이 유일한 사회적 성공의 통로'의 근본 원인에 의해 파생된 파생 원인들이다.

이 근본 원인을 해소하면 그 근본 원인에 의해서 발생한 여러 가지 심각한 문제들이 한꺼번에 해결될 것이다. '서열 높은 대학진학만이 유일한 사회적 성공의 통로'가 사라지면 청년실업이 줄어들

것이고 청년실업이 줄어들면 저출산 문제가 해결될 것이다. 사교육의 문제와 공교육 붕괴의 문제가 해결될 것이고, 인성 교육 실패의 문제가 해결될 것이고 다양한 잠재력 개발과 창의적 인재 육성이 가능해질 것이다.

그러나 앞서 언급한 바 있듯이 이 문제들의 근본 원인, '서열 높은 대학진학만이 사회적 성공의 통로'를 해소하기 위한 대선 공약은 개발되지 않고 있다. 그 근본 원인을 해소하기 위해서는 5년 이상의 추진 기간이 필요하기 때문이다.

근본 원인을 해소하여야 파생 원인이 해소되고 파생 원인이 해소되어야 문제가 해결된다. 청년실업이 낮아져야 저출산이 해결될 것이고, 청년실업을 해결하기 위해서는 대학진학률 70%를 낮추어야할 것이다. 그리고 대학진학률을 낮추기 위해서는 높은 대학진학률의 근본 원인 '서열 높은 대학진학만이 유일한 사회적 성공의 통로'를 해소하여야 한다.

사교육 의존도를 낮추어야 공교육이 붕괴되지 않을 것이고 또한 계층이동의 사다리가 붕괴되지 않을 것이다. 사교육 의존도를 낮추기 위해서는 그 파생 원인의 근본 원인 '서열 높은 대학진학만이 유일한 사회적 성공의 통로'를 해소하여야 한다.

성적 경쟁을 줄여야 인성 교육과 다양한 잠재력 개발, 창의성 교육이 가능할 것이다. 성적 경쟁을 낮추기 위해서는 그 파생 원인의 근본 원인 '서열 높은 대학진학만이 유일한 사회적 성공의 통로'를 해소하여야 한다. 근본 원인을 해소하여야 파생 원인이 해소된다.

그 역은 성립하지 않는다.

그러나 근본 원인, 서열 높은 대학진학만이 유일한 사회적 성공의 통로'를 해소하기 위한 정책은 개발하지 않고, 그 근본 원인으로부터 파생된 파생 원인만을 해소하려 하고 있다. 대통령 임기 내에는 근본 원인을 해소하는 것이 거의 불가능하기 때문이다. 그 결과 문제는 해결되지 않고 계속 다시 발생하고 있다.

혹시 100% 가까이 파생 원인이 해소된 것처럼 보일지라도, 그래서 문제가 근본적으로 해결된 것처럼 보일지라도 문제는 해결된 것이 아니다. 근본 원인이 해소되지 않은 채 남아있다면, 그 남아있는 근본 원인에 의해 파생 원인이 다시 재생되기 때문이다.

혹시 중장기 정책을 통해서 국가 '주요' 문제의 근본 원인을 발본색원하려는 시도가 나타날 수도 있다. 그러나 그러한 중장기 정책이 개발되었다고 하더라도 '대통령 임기 5년'의 시간적 제약을 받지 않고 지속적으로 추진될 수 없다.

차기 대통령이 그 정책을 추진한다는 보장이 없을 뿐만 아니라, 보수우파에서 진보좌파로, 진보좌파에서 보수우파로 정권 교체가 일어나면 이전 정권이 추진하던 정책은 정반대의 이념에 기반을 둔 정책으로 교체되기 때문이다.

5년 단임제하에서, 그리고 이념편향의 양대 정당 하에서 문제의 근본 원인을 발본색원하는 일은 일어나기 힘든 일이 된 것이다. 그 결과 해소되지 않은 근본 원인으로부터 계속 파생 원인들이 파생하고 있다. 문제해결에 실패하고 있다.

중장기 정책이 전혀 개발되지 않거나 추진되지 않고 있는 것은 아니다. 각종 「기본법」이나 「특별법」, 「진흥법」 등은 중장기적인 목표를 설정하고 그 목표를 달성하기 위해 5년마다 기본계획과 정책 목표를 설정하고 그 기본계획과 정책 목표를 추진하도록 규정하고 있다.

「저출산고령사회기본법」의 예를 들어보자. 이 법은 저출산·고령화의 문제를 중장기적으로 해결하기 위해 제정되었고 그 기본법에 따라 5년 단위로 저출산고령사회위원회에서 저출산고령사회기본계획을 수립하고 있다.

2006년 제1차 저출산고령사회기본계획 수립 이후 현재 3차 기본계획(2016~2020)을 추진 중이다. 이전 정권에서 수립한 기본계획이 추진되고 있는 중이기도 하고, 차기 정권에서 추진할 기본계획이 현 정권에서 수립되기도 한다.

문제는 이 기본계획의 성공과 실패는 집권 정권의 성과와는 무관한 것이라는 사실이다. 정권의 관심은 정권의 임기 내에 정권의 성과를 보여줄 수 있는 대선 공약, 국정과제의 성실한 추진에 집중되어 있다. 상대적으로 정권의 성과와 무관한 「기본법」이나 「특별법」, 「진흥법」 등에 따른 중장기 정책의 추진에는 그렇게 큰 관심을 기울이지 않는다.

그 결과 「기본법」이나 「특별법」, 「진흥법」 등이 있음에도 불구하고 중장기적인 해결이 필요한 많은 문제들이 해결되지 못하고 있다. 그리고 해결되지 못한 문제들로부터 새로운 문제들이 계속 파생되고 있다.

중장기적으로 해결되어야 할 문제들 가운데에는 국가 경쟁력 강화, 대학진학률 70%, 과학기술 R&D, 저출산·고령화, 양성 불평등, 노동시장의 구조 개혁, 노동생산성 향상, 수도권 인구 집중과 농어촌 공동화 등의 문제들이 있다. 그리고 이 해결되지 않은 문제들로부터 다음과 같은 문제들이 파생되고 있다.

국가 주요 산업의 쇠퇴, 창의적 인재 육성의 실패, 청년실업, 높은 사교육비, 공교육의 붕괴, 비정규직의 정규직으로의 전환의 어려움, 대기업과 중소기업 간 임금 격차의 심화, 일·가정 양립의 어려움, 여성 차별과 기회 불평등, 지역의 불균형 발전 생산가능인구의 감소, 성장 동력 위축, 건강보험과 국민연금의 위기 등이 그것이다.

과학기술 연구 개발과 같이 중장기적 연구가 필요한 문제들 가운데에는 단기간 내에 소기의 목적이 창출되기 힘든 과제도 있다. 3~4년 내에 성과가 나오는 R&D들도 있겠지만, 그러나 언제 완료될지 모르는 연구들, 언제 연구 성과가 도출될지 모르는 연구들이 적지 않다. 더 많을 수도 있다.

문제는 어느 정권이나 현 정부에서 추진해서 다음 정부에서 성과가 나올 것에는 관심을 두지 않고 있다는 것이다. 현 정부의 임기 내에 성과가 나올 수 있는 R&D들에만 관심이 집중되어 있다는 것이다(곽노성, 23-35쪽).

'대통령 임기 5년 단임제'는 평화로운 정권 교체를 보장하기 위해 고안된 것이고, 순조롭게 평화로운 정권 교체가 이루어지고 있는 것에 기여하고 있는 것은 사실이다. 그러나 '대통령 임기 5년 단임제'로 말미암아 정작 민주화의 실질적이며 주요한 목적인 문제해결 능력은 높아지지 않고 있다.

II-2-3. 이념편향의 양대 정당

1987년 민주화 이후 진보좌파의 정당 활동은 더 이상 억압받지 않게 되었다. 자유로운 정당 활동이 보장되었다. 그것은 우파와 좌파 양대 정당의 이념대결과 정책대결의 시작이었다.

정당 활동을 억압하는 것은 다양한 이해관계자의 입장을 대변하지 못하게 하는 것이고 그것은 자유민주주의 정신에 어긋나는 것이다. 진보좌파의 자유로운 정당 활동이 보장된 것은 따라서 민주화의 중요한 결실이라고 평가되어야 할 것이다.

그러나 다른 한편에서 그것은 보수우파와 진보좌파, 양대 정당의 치열한 이념대립과 정책대결의 시작이었다. 보수우파의 근본이념과 진보좌파의 근본이념을 추구하는 양대 정당은 한편으로는 서로 전혀 다른 현실 인식과 정책적 해법을 제시하면서, 그리고 다른 한편에서는 서로 상대방 정당의 현실 인식과 정책적 해법을 철저하게 부정하면서 치열하게 대립하고 있다.

이념편향의 양대 정당이 나라를 보수우파와 진보좌파의 양대 진영으로 갈라놓았고 서로 대화가 불가능한 극한 갈등의 상태로 만들어 놓았다. 양대 정당 사이에 정권 교체가 일어나면 정책이 교체되는 것은 물론이고 이전 정책은 수정되거나 폐기되고 있다. 이념편향의 양대 정당은 나라를 서로 다른 두 나라로 분열시키고 서로 다른 두 나라로 만들어 놓고 있다.

한 신문 논설위원은 "1990년대 이후 활력이 떨어지면서 우리 사회에서도 한국병(病)이란 말이 나오기 시작했다. 극한 노사대립, 이념·지역 갈등 등이 대표적인 증세이다. 하지만 한국병의 본질은 극한 갈등을 유발하는 사고의 경직성에서 찾는 게 맞을 것이다. 조선 시대에 정적을 사문난적으로 몰았듯이, '다름'을 '틀림'으로 여기는 근본주의적 사고방식이다"라고 기술하고 있다(오형규, 한국경제, 2019.3.1.).

정치선진국에서도 보수우파와 진보좌파의 양대 정당이 있고 양대 정당 사이의 이념대결이나 정책대결이 치열하다. 그러나 정치선진국의 보수우파와 진보좌파는 경우에 따라서 이념보다 현실을 중심에 놓고 문제를 해결하려고 하고 그리고 서로의 다름을 서로 받아들여 하나의 옳음으로 나아가려 하고 있다.

그러나 우리나라 양대 정당은 현실보다는 이념을 중심에 놓고 문제를 해결하려고 한다는 점에서, 그리고 서로의 다름을 서로 틀림으로 여기고 있는 '근본주의적 사고방식'을 갖고 있다는 점에서 정치선진국의 양대 정당과 다르다.

양대 정당만이 보수우파와 진보좌파의 양쪽 진영으로 나누어져 있는 것이 아니다. 지식인과 일반 국민, 언론 등 나라 전체가 보수우파와 진보좌파의 양쪽 진영으로 나누어져 있다. 그리고 같은 진영 내에서는 '상호인정 논리'가, 서로 다른 진영들 사이에는 '상호부정의 논리'가 철저하게 적용되고 있다.

출신 지역에 따라서 보수우파와 진보좌파의 양쪽 진영으로 나누어져 있다. 호남은 진보좌파, 영남은 보수우파 진영으로 나누어져 있다. 물론 두부모를 칼로 자르듯 출신 지역에 따라 정확하게 보수우파 진영과 진보좌파 진영으로 나누어져 있는 것은 아니다. 호남 출신이 보수우파를 지지하기도 하고, 영남 출신이 진보좌파를 지지하기도 한다. 그러나 대체로 70~80% 정도의 호남 출신은 진보좌파 정당을, 영남 출신은 보수우파 정당을 지지하고 있다.

어떻게 호남사람은 진보좌파이고 영남사람은 보수우파인지, 무엇이 출신 지역에 따라 서로 다른 이념을 추구하도록 만들었는지에 대해서는 정치학적·사회학적 분석이 필요하다. 지역 갈등이 정치적 이념 갈등으로 발전한 것인지, 정치적 이념 갈등이 지역 갈등으로 발전한 것인지, 또는 지역 갈등을 정치가 이용한 것인지 또는 출신 지역 정치인의 이념 성향이 지역의 정치이념을 결정한 것인지 등에 대해서는 깊이 있는 연구와 분석이 필요하다.

신문도 보수우파 신문과 진보좌파 신문으로 양분되어 있다. 하나의 사건이지만, 서로 다른 가치판단에 입각하여 서로 완전히 다른 내용을 보도하고 있다. 보수우파의 편에 서서 일방적으로 보수우파를 지지하고 진보좌파를 비판하는 신문과 진보좌파의 편에서 서서 일방적으로 진보좌파를 지지하고 보수우파를 비판하는 신문으로 양분되어 있다.

신문의 사명은 가치판단 없이 객관적인 사실을 가치 중립적으로 보도하는 것이지만, 가치중립을 지향하는 신문은 찾기 어렵다, 거의 모든 신문이 다분히 가치개입적이고, 이념 편향적이다. 보수우파와 진보좌파 어느 한 편에 서 있다.

보수우파 성향의 신문을 읽고 있으면 보수우파는 잘 하고 있지만, 진보좌파는 문제투성이라는 기사만 그득하고, 진보좌파 성향의 신문을 읽고 있으면 진보좌파는 잘 하고 있지만, 보수우파는 문제투성이라는 기사만 그득하다.

그런데 문제는 보수우파 진영의 사람은 진보좌파 신문을 거의 읽지 않고, 진보좌파 진영의 사람은 보수우파 신문을 거의 읽지 않고 있다는 것이다. 그 이유는 아마도 보수우파 진영의 사람은 보수우파 편향의 신문을 읽으면서 보수우파가 옳고 진보좌파는 틀렸다는 것을 확인하고 싶어 하기 때문일 것이고, 반대로 진보좌파 진영의 사람은 진보좌파 편향의 신문을 읽으면서 진보좌파가 옳고 보수우파는 틀렸다는 것을 확인하고 싶어 하기 때문일 것이다.

이러한 상황에서 보수우파 진영의 사람과 진보좌파 진영의 사람이 만나서 하나의 사안에 대해 토론할 경우, 그 토론이 건전하고 생산적인 토론이 되기 어렵다. 서로 상대방이 말도 안 되는 말을 하고 있다고 성토하다가 끝나는 토론이 되고 만다.

하나의 사안에 대해 서로의 판단을 교환하고 보완하는 토론을 하고 있는 것이 아니라 서로 상대방이 알고 있는 정보와 사실이 잘못된 정보와 사실이라는 것을 지적하고 비판하는 말싸움을 하고 있다. 자신이 알고 있는 정보와 사실이 정확한 정보와 사실이라는 것을 상대방에게 일방적으로 관철시키려는 우격다짐을 하고 있다.

신문 역시 보수우파와 진보좌파의 양대 신문으로 나누어져 있고, 그 양대 신문이 진영 논리를 강화하고 있다. 곧 신문이 국론 분열에 일조하고 있는 것이고, 국론이 신문에 의해 더 분열되고 있다.

'4대강 보 해체'의 예를 들어보자. 2019년 2월 환경부 산하의 조사평가위원회에서 경제성 평가로 보거나 수질 개선 효과로 보거나 4대강 보를 해체하는 것이 바람직하다는 결론을 발표하자, 보수우파 성향의 신문들은 일제히 이 조사평가 결과를 반박하고 나섰고 진보좌파 성향의 신문들은 일제히 옹호하고 나섰다.

진보좌파 성향의 신문에는 일제히 4대강 보는 해체의 타당성을 지적하는 주장의 시론과 보도기사, 사설이 실렸다면 보수우파 성향의 신문에는 일제히 보 해체의 부당성을 지적하는 주장의 시론과 보도기사, 사설이 실렸다.

보수우파 성향의 신문에는 조사평가위원회의 위원회 구성부터 문재인 정부의 편에 서 있는 인사들로만 구성되었고, 조사가 편협하다는 내용의 보도들만이 그득하다. 그러나 진보좌파 성향의 신문에는 일제히 이명박 대통령의 4대 강 사업 자체가 잘못된 것이었고, 조사평가위원회의 조사평가가 매우 철저하게 이루어졌으며, 흐르는 물을 가두어 발생하는 녹조 등의 현상을 없애기 위해 보 해체가 반드시 필요하다는 내용의 보도들만이 그득하다.

진보좌파 편향의 신문들은 보를 해체할 경우 발생할 주변 농민들의 물 부족 걱정에 대해서, 정부가 양수장 보완 대책을 마련하겠다니 물 부족은 일어나지 않을 것이라는 내용의 기사와 시론, 사설만을 싣고 있는가 하면, 보수우파 편향의 신문들에서는 보를 해체하면 수막 농법, 지하수를 이용하여 비닐하우스 농사짓는 사람들은 지하수가 부족해질 것이라는 기사와 시론, 사설만을 싣고 있다.

하나의 똑같은 사안이지만 신문의 성향에 따라 그 사안에 대한 보도 내용이 이와 같이 전혀 다르다. 서로 상반된 주장, 강이 흘러야 오염되지 않는다는 주장만이 실려 있거나 아니면 보에 물이 많이 고여 있어야 오히려 물이 오염되지 않는다는 주장만이 실려 있다.

유감인 것은 진영 논리로부터 자유로운 중립적인 신문을 찾기 힘들다는 것이다. 어느 것이 객관적으로 옳은 것인지를 파악할 수 있게 해주는 신문, 곧 물이 흐르는 것이 좋은지 보로 막는 것이 좋은지를 알 수 있게 해주는 신문이 없다는 것이다.

신문이 객관적이고 중립적인 하나의 세상을 전달하는 것이 아니라 서로 전혀 다른 두 세상을 독자에게 전달하고 있다. 그리고 독자역시 객관적이고 중립적인 하나의 세상을 보려고 하는 것이 아니라, 자신이 보고 싶은 세상만을 보려 하고 있다.

대한민국 전체가 국민과 지식인, 언론 그리고 출신 지역에 따라 양대 진영으로 나뉘어, 진보좌파 정당이 주장하거나 추진하고 있는 일은 진보좌파 진영의 국민과 지식인, 언론 등에게는 모두 옳은 일이라고 주장하고, 보수우파 정당이 주장하고, 추진하고 있는 일은 보수우파 진영의 국민과 지식인과 언론에게는 모두 옳은 일이라고 주장하고 있다.

그리고 진보좌파 진영의 국민과 지식인, 언론에게 보수우파가 주장하거나 추진하고 있는 일은 모두 틀린 일이라고 주장하고, 보수우파 진영의 국민과 지식인과 언론에게 진보좌파가 주장하거나 추진하고 있는 일은 모두 틀린 일이라고 주장하고 있다.

다른 진영에서의 잘못은 용서해서는 안 되는 일이지만, 같은 진영 내에서는 그럴 수도 있는 일이다. 다른 진영에서 잘한 것은 안 보이고 잘못한 것만 크게 보이지만, 같은 진영 내에서 잘못한 것은 안 보이고, 잘한 것만 크게 보인다.

이러한 양대 진영의 논리는 '조국 사태'에서 다시 한번 확인되었다. 법무부 장관 후보자로 지명되자 자녀의 입시 비리, 사모펀드 불법 투자 등 각종 의혹들이 쏟아져 나오면서, 법무부 장관으로는 부적절하다는 지적이 집중적으로 제기되었다. 그러나 다른 한편에서는 조국 장관을 지지하는 목소리 역시 결코 작지 않았다. 그들은 조국 장관과 그 일가에 대한 검찰 수사를 반대하며 검찰 개혁을 요구하였다.

조국 장관의 사퇴를 요구하는 보수우파 진영은 광화문에서, 그리고 조국 장관을 지지하는 진보좌파 진영은 서초동 검찰청 앞에서 시위를 벌였다. 일주일에 한두 번씩 몇만에서 몇십만에 이르는 사람들이 모여서 조국 사태를 서로 전혀 상반된 입장에서 성토하고 울분을 토로하였다. 2019년 가을 대한민국을 뜨겁게 달군 것은 '조국'이었다.

우리는 대한민국이라는 한 나라에서 살고 있는 것이 아니라, 보수우파의 나라와 진보좌파의 나라, 서로 다른 두 나라에서 살고 있는 것이다(박상훈, 26). '다름'은 단순히 '다름'이 아니라 '틀림'이고, '같음'은 단순히 '같음'이 아니라 '옳음'인 사회에 살고 있는 것이다.

이념(ism)에는 현실에 대한 설명도 들어있지만, 이념은 지금보다 더 나은 사회를 지향한다. '현실' 자체에 대한 설명을 보다 중시하는 것이 이론이라면, 이념은 현실이 안고 있는 문제점을 설명하고, 그 현실의 문제점을 극복한 이상향을 지향한다.

특히 다양한 이해관계자 가운데 이념에 부합하는 이해관계자의 입장만을 대변하고자 한다. 곧 그 이해관계자가 안고 있는 문제점을 설명하고 그 문제점의 극복을 지향한다. 그러나 대변하고자 하는 이해관계자와 상반된 입장에 서 있는 이해관계자의 입장은 고려하지 않거나 적대시하기도 한다.

보수우파는 기업의 입장만을 대변하고, 진보좌파는 근로자의 입장만을 대변한다. 진보좌파 이념은 근로자의 입장에 서서 근로자의 근로 조건이 개선되어야 한다는 것만을 강조하는 반면, 반대편 이해관계자, 곧 기업의 입장은 거의 고려하지 않거나 심지어는 적대시하기도 한다. 또는 보수우파 이념은 기업 경쟁력 강화를 위해서 필요한 조건들을 강조하면서 근로자의 입장은 거의 고려하지 않는다.

보수우파는 기업가의 진취적인 창업 정신을 방해하지 말아야 일자리가 창출되고 나라 전체의 부가 증대한다는 입장이라면, 진보좌파는 부의 불평등을 강조하면서 근로자에게 보다 나은 임금과 보다 나은 근로 조건을 제공하여야 한다는 입장이다.

보수우파에게 부(富)는 열심히 일한 사람이 축적한 것으로 존중되어야 할 그 무엇이지만, 진보좌파에게 부는 열심히 일한 노동자의 것을 빼앗아 생긴 것으로 비난받아 마땅한 것이다. 문제는 보수우파의 스펙트럼에는 열심히 일하지 않고 부를 축적한 사람이 있다는 사실이 잡히지 않고 있다는 것이고, 진보좌파의 스펙트럼에는 열심히 일하여 부를 축적한 사람이 있다는 사실이 잡히지 않는다는 것이다.

그리고 보수우파의 스펙트럼에는 기업에게 보다 많은 자유를 주면 근로자 삶의 향상과 바로 연결되는 것이 아니라는 사실이 잡히지 않고, 진보좌파의 스펙트럼에는 근로자에게 보다 많은 임금과 근로 조건을 제공하면 기업 운영이 한계에 부딪히거나 기업 경쟁력이 하락한다는 사실이 잡히지 않는다.

진보좌파는 기업 운영이 어려워지거나 기업 경쟁력이 떨어지게 되면 근로자의 일자리 전체가 위협받게 된다는 사실을 직시하려 하지 않고, 보수우파는 기업이윤의 증가가 자동적으로 근로자의 소득 증대로 이어지지 않는다는 사실을 직시하려 하지 않는다.

보수우파와 진보좌파 모두 공통적으로 범하고 있는 오류는 각각 기업과 노동자 가운데 어느 하나의 이해관계자만을 대변하고 있다는 것이다. 기업가의 편에 서서 기업가의 입장만을 대변하거나 노동자의 편에 서서 노동자의 입장만을 일방적으로 대변하고 있는 것이다.

보수우파 이념편향의 정당은 기업하기 좋은 여건이 형성되어야 근로자의 고용과 임금이 향상된다는 주장만을 내세운다. 그에 반하여 진보좌파 이념편향의 정당은 근로자를 위한 근로 조건의 개선이 우선되어야 한다는 주장만을 내세운다.

보수우파 정당은 국가 개입은 가능한 한 줄이고 시장의 자율조절 기능에 맡기려 한다. 그에 반하여 진보좌파 정당은 국가 개입을 줄이고 시장에 맡겨서는 근로자의 삶이 개선되지 않는다고 보고 시장에 대한 국가 개입을 늘리려 한다.

보수우파와 진보좌파는 각각 자신이 추구하는 이념이 설명하지 못하는 현실의 부분은 다른 이념에 의해서 설명되어야 하지만, 자신이 추구하는 이념에 부합하지 않는 현실, 그 이념에 의해 설명되지 않는 현실은 현실로서 인정하지 않고 있다.

그리고 현실에 존재하는 다양한 변수를 모두 감안하지 않고 그 변수들 가운데 정당이 지향하는 이념에 맞는 일부 변수만을 반영하여 정책을 수립하고 정책을 추진하려 한다.

이념편향의 우리나라 보수우파와 진보좌파는 현실 자체에 충실하여 현실을 설명하는 것이 아니라, 현실을 이념에 꿰맞추려 하고 있다. 이념에 의해서 설명되지 않는 현실의 부분이 점점 더 많아지고 있음에도 그 사실을 인정하지 않으려 하고 있고 이념에 충실하여 실현 가능하지 않은 이상을 무리하게 추구하고자 하고 있다.

이념은 이념을 구상한 이념가가 살았던 시대와 공간의 산물이고, 따라서 이념에는 그 시대와 공간이 반영되어 있다. 그것은 이념만이 아니라, 모든 사상, 이론, 문학작품, 예술작품, 건축물 등도 마찬가지이다. 인간의 거의 모든 창조물은 시대적 · 공간적 배경과의 연관성 하에서 태어난다.

시대적 · 공간적 배경과 무관한 사상과 이론, 인간의 각종 생산물은 없다. 이념 역시 마찬가지이다. 그 이념이 태어난 시대적 · 공간적 배경과 무관한 어떠한 것이 아니다. 시대나 공간을 초월하여 어느 시대에나 어느 공간에나 적용 가능한 어떠한 것이 아니다.

사상의 경우에는 예외적인 경우도 있을 수 있기는 하다. 시대나 공간을 초월한 보편타당한 사상이 있을 수 있기 때문이다. 그러나 그러한 보편타당한 사상과 달리, 그 사회 문제점의 극복이 주목적인 이념은 시대나 공간에 묶여 있는 부분, 이념이 태어난 당시의 시대 상황과 공간 상황이 반영되어 있다.

이념에도 보편타당한 사상이 들어있을 수 있다. 이념으로부터 이념이 태어난 당시의 구체적인 시대적 · 공간적 배경을 걸러내면, 그이념이 추구하는 보편타당한 사상이 남아있을 수 있다.

그러나 이념을 충분히 이해하기 위해서는, 또는 이념이 추구하는 이상 사회를 이해하기 위해서는 이념이 태어난 시대적 · 공간적 배경에 대한 이해가 필수적이다. 이념이 추구하는 이상 사회는 이념이 태어난 시대적·공간적 배경과 무관한 그 무엇이 아니기 때문이다.

현실은 끊임없이 변화하고 있지만, 이념은 이념이 태어난 시대적·공간적 배경에 묶여 있다. 문제는 200~300여 년 전의 현실과 지금의 현실이 같을 수 없다는 것이고, 200~300여 년 전에 불합리한 사회구조가 지금도 똑같이 존재하고 있지 않다는 것이다.

사회구조가 변화함에 따라 특정 이해관계자의 상황이 변화하고, 그에 따라 특정 이해관계자의 입장이 변화하고, 특정 이해관계자들 사이의 관계 역시 변화한다. 현실이 변화하면서 이념과 현실 사이에 괴리가 발생하고, 현실이 변화하면 할수록 이념의 고정불변 부분과 현실 사이의 괴리는 점점 더 커진다.

아담 스미스가 살던 시기의 기업가는 더 이상 현재의 기업가와 같은 기업가가 아니고, 칼 맑스가 살던 시기의 노동자는 더 이상 지금의 노동자와 같은 노동자가 아니다. 그리고 기업가와 노동자의 관계 역시 더 이상 스미스나 맑스가 살던 당시와 같은 기업가와 노동자의 관계가 아니다.

진보좌파의 이념은 독일의 칼 맑스(1818~1883)에 그 뿌리를 두고 있다. 그는 1800년대 중·후반 유럽 노동자의 참혹함을 목격하고, 철저하게 노동자의 입장에서 자본주의를 비판하고 노동자를 위한 세상을 건설해야 할 필요성을 역설했다.

그는 자본주의를 자본가와 노동자의 갈등과 대립으로 설명한다.

그는 노동자의 노동만이 가치를 창출하지만, 그럼에도 불구하고 노동자는 노동할수록 가난해지는 것을 모순이라고 규정하면서 자본주의를 공산주의로 혁명해야 한다고 주장했다.

그러나 그의 설명과 다르게 아이디어, 기계, 소프트웨어, 조직 혁신 등 역시 가치를 창출한다. 인간이 필요로 하는 것을 만들어내는 것이 노동만이 아니고 상품에 투여된 노동시간만이 아니다.

그리고 그의 설명과 다르게 노동자들이 점점 더 가난해지고 있지 않다. 간신히 살아남을 수 있을 정도의 임금만 받으며 처참하게 살고 있지 않다. 당시 처참했던 노동자의 상황은 그 당시 특수한 상황이었다.

보수우파의 이념은 영국의 아담 스미스(1723~1790)의 이론에 그 뿌리를 두고 있다. 「국부론」에 드러난 그의 주된 관심은 국부의 증가, 한 사회 연간수입(revenue)의 증가이다. 그리고 국부 증가의 원동력을 그는 노동생산물이 최대의 가치를 생산하도록 하여 자신의 이득을 최대화하려는 기업가의 노력에서 찾고 있다.

그는 객관적으로 시장의 작동원리에 대해서 설명하려고 했지, 시장의 작동원리에 어떠한 가치를 부여하거나 노동자의 처지에 가치를 부여하려고 하지 않았다. 더 나은 세상을 추구하지 않았고 그가 살던 당시 영국에서 일어나고 있는 변화. 산업사회와 자유시장 경제의 출현에 대해 충실히 기술하고자 하였다.

이러한 점에서 아담 스미스는 이념가라기보다는 이론가로 분류하는 것이 맞을 것이다. 맑스는 노동자를 위한 세상을 만들어야 한다는 이념에 보다 충실하였다면, 스미스는 기업가를 위한 세상을 만들려 하거나 기업가를 위한 이론을 만들어야 한다는 이념을 내세우지는 않았기 때문이다.

맑스는 모든 노동 가치는 동일한 노동시간에 의해서 측정될 수 있다고 전제하고 있지만, 스미스는 노동의 종류에 따라 노동자의 능력에 따라 노동생산성이 서로 다를 수 있다고 주장한다(스미스, 37-38쪽). 맑스는 노동만이 상품의 가치를 창출하고 있다고 설명하지만, 스미스에게 상품의 가치는 노동만이 아니라, 자본의 이윤에 의해서도 결정되는 것으로 설명한다(스미스, 55쪽).

스미스에게 기업가의 이윤추구 동기가 시장 작동에 중요한 원리이지만, 맑스에게 기업가의 이윤추구 동기는 노동자의 권익을 해치는 그 어떤 것이다. 스미스에게는 기업가의 이윤추구 동기가 국부를 증가시키는 원동력이지만, 맑스에게 기업가의 이윤추구 동기는 노동자를 억압하게 만드는 것으로 없어져야 할 것이다.

스미스에게 정치가는 국부의 증가를 위해 어디에 투자하여야 하는지를 기업가보다 더 잘 알 수 없지만, 맑스에게 기업가의 이윤추구 동기에 노동자의 운명을 맡기는 것보다는 정치가에게 맡기는 것이 더 바람직하다. 스미스는 사회의 부가 증가하면 노동자의 삶도 향상되지만, 맑스는 사회의 부가 증가하더라도 노동자의 삶은 점점 더 궁핍해질 뿐이라고 설명한다.

이와 같이 스미스와 맑스가 보는 세상은 서로 다르다. 스미스는 변화하고 있는 현실을 긍정적으로 보고 그 현실을 유지시켜야 할 세상으로 보고 있다면, 맑스는 정반대로 변화하고 있는 현실을 부정적인 것으로 보고 그 현실을 다른 세상으로 바꾸어야 할 필요성을 역설하고 있다.

현실과 현실의 변화를 긍정적인 것으로 보고 현실의 유지를 주장하는 스미스는 보수우파 이념가이고, 현실과 현실의 변화를 부정적인 것으로 보고 그 현실을 변화시켜 다른 현실로 변화시켜야 할 것을 주장하는 맑스는 진보좌파 이념가이다.

지식 사회학적 관점에서 보면, 맑스의 이론이나 스미스의 이론 모두 이론이 탄생하였던 시대적·역사적 배경과 무관하지 않고, 따라서 맑스의 이론이나 스미스의 이론은 어느 시대에나 어느 사회에나 그대로 적용 가능하지 않다.

실제로 스미스의 이론에는 그가 살던 18세기 중후반 산업 혁명의 태동기가 반영되어 있고, 맑스의 이론에는 그가 살던 19세기 중후반 산업 혁명이 본격화되던 서유럽의 사회가 반영되어 있다.

지금의 시장과 자본주의는 스미스나 맑스가 살았던 시기의 시장과 자본주의에서, 곧 몇몇 자본가들이 대규모 기업을 소유하고 운영하였던 시장과 자본주의에서, 다수의 주주들이 기업을 소유하고 전문 경영인이 기업을 운영하는 시장과 자본주의로 바뀌었다. 몇몇 기업에 의해 독과점 되었던 시장과 자본주의에서 전 세계의 기업들이 글로벌 시장에서 서로 치열하게 경쟁하는 시장과 자본주의로 바뀌었다.

맑스가 살던 시기 거리에는 절대 빈곤층 이하의 실업자들이 거리에 넘쳐났다. 그에 따라 노동자의 생활 수준은 극도로 열악하였다. 해외 식민지 무역이 확대되고 상공업이 발달하게 되면서 양모 가격이 급등하자 영국의 봉건영주와 귀족들이 양모 사업에 뛰어들었다. 그것은 그동안 공동경작지였던 땅만으로는 점점 더 양을 먹일 풀이 부족하게 만들었고, 다시 그것은 공동경작지에 울타리를 쳐서 다른 양들을 더 이상 방목하지 못하게 만들게 하였다.

소위 울타리 치기 운동, 엔클로우저(enclosure) 운동이 일어난 것이다. 공동경작지가 사유지로 전환되기 시작한 것이다. 그 엔클로우저 운동은 공동경작지에서 더 이상 농사짓거나 양을 키울 수 없는 수없이 많은 사람들을 만들었고, 그 사람들은 도시로 몰려들어 도시 빈민층을 형성하였다.

노동자의 수요에 비해 공급이 넘쳐났고, 그것은 노동자의 임금을 매우 낮게 책정하는 요인이 되었다. 가족이 다 같이 먹고살 수 없을 정도의 낮은 임금을 받았고, 노동자의 노동 조건은 매우 열악하였다. 한 마디로 노동자가 처한 상황은 비참 그 자체였다.

그러나 19세기 중후반을 넘어서면서 맑스가 목격하였던 노동자의 비참함은 서서히 사라지기 시작하였다. 그리고 기업가와 노동자 사이의 부의 격차도 맑스가 살던 시기에는 상상할 수 없을 정도로 줄어들기 시작하였다.

한 사람의 대자본가나 소수의 자본가가 기업의 이윤을 더 이상 독식하지 않고, 기업의 자본은 다수의 주주들로 분산되고, 기업의 이윤의 일정 부분은 근로자에게 배분되고 있다. 근로자의 임금이 최저생계비 수준을 넘어선 지 오래되었고, 대부분의 나라에서 근로자는 맑스가 살던 당시의 빈민층이 아니다.

맑스가 살던 당시와 지금의 현실은 같지 않다. 많이 달라졌다. 그는 그 당시의 현실을 고정불변의 현실로 인식하고 그 현실을 더 나은 현실로 변화시키기 위해서 이념을 창시하였지만, 현실이 변화하면서 그의 이념은 지금의 현실을 변화시키기에는 더 이상 맞지 않는다.

현실이 변화하면 할수록 극복하여야 할 문제 자체가 변화하기 때문에 이념이 추구하는 사회상이 실현될 가능성은 점점 더 낮아진다. 이념이 태어난 시간적·공간적 고정불변의 배경, 특정 이해관계자가 처한 그 당시의 특수한 상황과 관계가 현재는 더 이상 존재하지 않기 때문이다.

그리고 다른 한편에서 이념은 이념이 지적하는 문제가 더 이상 존재하지 않는 사회, 유토피아를 그려내고 있지만, 그러한 사회는 현실적으로 존재 가능하지 않은 사회, 실현 가능하지 않은 사회이다.

문제가 존재하지 않는 세상 유토피아는 이념상으로만 존재 가능할 뿐, 실제로 존재할 가능성은 없다. 억압과 강제만 없어지면, 평등과 자유의 유토피아가 실현될 것이라는 믿음은 순진한 기대였을 뿐이었다는 것은 역사가 이미 증명하고 있는 사실이다. 억압과 강제가 없어지면, 또 다른 억압과 강제가 그 자리를 채우게 된다는 것은 이미 사회주의가 충분히 보여주었다.

맑스주의자들은 사회주의 사회나 공산주의 사회를 유토피아인 것처럼 주장했지만, 실제 사회주의 사회는 정치적 억압과 물자의 부족으로 허덕이는 사회였다. 1990년대 초반 사회주의 체제가 붕괴하면서 자본을 국가가 소유하고 관리하면, 계급 없는 사회가 되어 노동자의 천국이 올 것이라는 사회주의 이념은 허구였음이 만천하에 드러났다.

실제로 사회주의 사회에서는 공산당 관료가 막강한 권력을 가진 새로운 계급으로 등장하여 노동자를 억압하고 나라 전체를 통제하고 있었다. 전 국민의 다양한 수요를 모두 계산하여 생산하고 공급하는 것도 가능한 일이 아니었다. 중앙 정부에 의한 배급은 언제나 부족하였고, 불만이 있더라도 공산당 일당 독재에 의한 철저한 감시와 감독, 통제에 숨죽이며 살아야 했다.

노동자를 위한 세상을 건설하겠다는 사회주의 사회는 노동자의 세상이 아니었다. 실제로는 공산당 관료를 위한 사회였다. 당 관료가 새로운 지배 계급으로 등장하여 노동자들을 지배하고 억압하고 있었다는 것이 만천하에 드러났다.

그리고 만약 사회주의 사회를 넘어 공산주의 사회가 된다고 하여도 노동자의 천국이 될 가능성은 매우 희박했을 것이다. 모든 생산 수단을 관리하고 있었던 관료들이 그 생산수단을 순순히 노동자들에게 분배할 것인가의 의문이 매우 크기 때문이다.

사회주의 붕괴 이후 우리가 목격한 것은 국가 관리의 생산 시설을 전 공산당 관료들이 독점한 것이었다. 공산당 관료는 어마어마

한 자본가로 그리고 갑부로 변신하였다. 그리고 정권 역시 일시적으로 반체제 운동가들이 쥐었지만, 다시 공산당 관료가 집권하고 있다.

그리고 만약 노동조합에게 모든 생산수단이 전부 골고루 나누어졌다고 하더라도 그 다음 노동자들이 사심이 전혀 없이 노동조합에서 일치단결하여 전체 공동체를 위하여 생산에 몰두하게 될 것인가의 의문 역시 크게 남아있다.

노동조합을 같이 공동으로 운영하여야 하지만, 사회주의 국민들에게 민주적 결정은 익숙하지 않았다. 그 뿐만이 아니었다. 사회주의 체제에서 확인된 바와 같이 그리고 조지 오웰이 「동물농장」에서 풍자한 바와 같이 사회주의 국가의 국민은 공산당의 일방적인 결정에 따라야만 했다. 공산당의 명령 만에 충실히 복종하지 않으면 반동분자(reactionary)로 낙인찍혀 숙청의 대상이 되었다.

그 정반대로 시장자유주의의 입장에서 기업하기 좋은 세상만을 일방적으로 추구하게 되면 부의 불평등 정도가 커지게 된다. 소수에게 부가 집중되면 될수록 저소득층의 불만이 커지고 계층 갈등이 심화된다.

물론 기업하기 좋은 세상을 만들면 기업의 경쟁력이 높아져 나라의 부가 늘어나게 되는 것은 사실이다. 그리고 기업이 투자가 증가하게 되어 일자리도 늘어나게 되는 것 역시 사실이다.

그러나 부의 재분배가 전제되지 않은 성장이라면, 기업하기 좋은 세상은 소수의 특권층만이 부를 독점하게 만드는 것이고 대다수 국민의 삶을 피폐하게 만들게 된다. 가진 사람과 못 가진 사람의 격차가 점점 더 커지는 빈익빈 부익부의 사회를 만들게 된다.

그리고 시장 자유주의자들은 계획 경제, 의식적 통제 등에 의해 산업 자본주의 시스템의 작동원리, 경쟁, 자유, 개인주의 등이 훼손되지 말아야 할 필요성에 대해 역설하지만, 그러나 경쟁의 자유가 주어졌다고 하여, 누구나 동등하게 경쟁할 수 있는 것은 아니다.

존 롤스는 「정의론」에서 모든 사람이 시장에서 동등하게 경쟁할 수 있는 자유가 주어진 것만으로 누구나 시장에서 동등하게 경쟁할 수 있는 것이 아니라고 주장한다. 부모의 경제적·사회적·문화적·교육적 능력의 차이, 곧 사회적 배경의 차이와 그리고 자녀의 타고난 능력의 차이가 시장에서 동등한 경쟁의 기회를 갖지 못하게 만들고 있다는 것이다(황경식, 45).

시장 자유주의자들이 추구하는 시장에서의 경쟁의 자유는 그의 분류에 따르면 '형식적 기회 균등'에 속한다. '형식적 기회 균등'은 사회적 배경이나 천부적 자질의 차이가 존재하는 것으로 전제하지 않고 있다. '누구나' 자유롭게 시장에서 경쟁할 수 있다고 전제하고 있다.

'형식적 기회 균등'의 다음 단계는 사회적 배경의 차이로 말미암아 발생하는 기회 균등의 차이를 상쇄한, '실질적 기회 균등'의 단계이다. '실질적 기회 균등'의 사회는 사회 계층의 차이가 자녀의 성공을 좌우하지 못하도록 제도적인 보완 장치를 마련한 사회이다. 부모의 경제적·사회적·문화적·교육적 능력이 자녀에게 서로 다른 경쟁의 기회를 제공하는 것을 막기 위한 제도적 장치가 마련되어 있는 사회이다.

유럽의 교육제도가 그 예이다. 어린이집부터 대학까지 학비가 전혀 없는 국립이고 대학에는 서열이 전혀 없다. 더 좋은 대학을 가기 위한 사교육이 전혀 필요 없고, 대학 등록금 때문에 대학 입학이 힘든 경우도 거의 없다. 그리고 대학 교육 이외의 고급숙련인력 양성 제도는 대학 졸업 못지않은 사회적 성공을 보장하지만, 학비가 전혀 들지 않는 것은 물론이고 고등학생도 실습비를 받으며 일·학습 병행 과정을 다닌다.

유럽은 교육 제도를 통해 사회적 배경의 차이가 바로 경쟁의 차이로 이어질 수 있는 '형식적 기회 균등'의 문제점을 보완하고 있다. 그러나 우리나라는 그렇지 못하다. 자녀의 사회적 성공을 뒷바라지할 수 있는 부모의 능력에 따라 자녀의 성공이 여전히 좌우되고 있다. 롤스에 따르면 우리나라는 아직 '형식적 기회 균등'의 단계에 머물고 있는 것이다.

세 번째 단계는 공정한 기회 균등의 단계이다. 실질적 기회 균등이 사회적 배경을 상쇄한 단계라면, 이 단계에서는 개인의 타고난 천부적 재능의 차이를 상쇄한 단계이다.

개인의 타고난 재능의 차이를 상쇄하기 위해, 타고난 재능이 상대적으로 많은 사람이 경쟁에서 얻은 보다 많은 이득을 타고난 재능이 상대적으로 적은 개인에게 나누어 주는 단계이다. 곧 '최소 수혜자 최우선 배려'의 원칙이 적용되는 단계이다.

네 번째의 단계는 절대적 기회 균등의 단계이다. 이 단계는 사회주의·공산주의가 추구하던 이상형의 사회로 실제로 실현 가능하지 않은 사회이므로 굳이 더 이상 언급하지 않겠다(황경식, 43-60).

정치선진국의 경우에도 대부분 보수우파 정당과 진보좌파 정당으로 나누어져 있다. 그러나 정치선진국의 양대 정당은 이념보다는 현실을 보다 중시하고 있고, 이념편향의 정책보다는 실용적인 정책을 추구하고 있다는 점에서 우리나라 양대 정당과 다르다(황성돈 외, 350). 진보좌파 정당이라고 하더라도 일방적으로 노동자의 편만 들지 않고, 보수우파 정당이라고 하더라도 일방적으로 기업의 편만 들지 않는다.

정치선진국의 경우 보수우파의 근본이념과 진보좌파의 근본이념의 양쪽 끝으로 현실을 잡아당기고 있는 것이 아니라, 현실을 중심에 놓고 보수우파와 진보좌파가 문제의 해결방안을 찾기 위해 노력하고 있는 것이다.

물론 진보좌파와 보수우파 사이에 정권 교체가 일어나면 정책이 바뀌기는 한다. 그러나 모든 국가 '주요' 정책이 보수우파 일변도의 정책으로 바뀌지 않고, 진보좌파 정당이 집권하였다고 하여 모든 국가 '주요' 정책이 진보좌파 일변도의 정책으로 바뀌지 않는다.

진보좌파도 성장을 어느 정도 인정하고, 보수우파도 분배를 어느 정도 인정하기 때문이다. 진보좌파가 분배에 치중하다 보면 보수우파가 집권하여 성장을 주도한다. 그리고 보수우파가 성장에 치중하다 보면 진보좌파가 집권하여 분배를 주도한다. 이렇게 성장과 분배의 선순환이 일어난다.

하층 계층을 대변하고자 하는 진보좌파는 경쟁이 아니라 평등을 지향하지만, 경쟁 없는 평등은 그러나 하향 평준화를 의미한다. 기업의 입장을 대변하고자 하는 보수우파는 평등이 아니라 경쟁을 지향하지만, 평등 없는 경쟁은 그러나 양극화를 의미한다.

성장 없는 분배는 분배의 몫을 줄이고 분배 없는 성장은 사회 갈등을 확대한다. 그럼에도 불구하고 우리나라 이념편향의 양대 정당은 경쟁과 평등의 조화와 균형, 또는 성장과 분배의 조화와 균형과는 거리가 먼 이념편향을 추구하고 있다.

우리나라의 보수우파와 진보좌파 양대 정당은 현실에서의 문제 해결에 몰두하고 있지 않다. 그 대신 보수우파는 보수우파의 근본 이념에 그리고 진보좌파는 진보좌파의 근본이념에 보다 충실하고자 하고 있다. 나라를 비생산적이고 소모적인 이념논쟁에서 벗어나지 못하게 만들고 있고 비생산적이고 소모적인 이념논쟁에 국력을 낭비하게 만들고 있다. 국가 경쟁력을 약화시키고, 국민의 삶을 악화시키고 있다.

Ⅱ-3. 복병의 조합에 의한 장애 요인

세 복병의 등장으로 우리나라의 국가 '주요' 정책은 부실하고, 이념 편향적이고, 5년 단위의 단기 정책으로 개발되고 있다. '5년 단임제의 대통령 임기'가 '대선 공약'에 반영되고 있지 않다면, 국가 '주요' 정책이 5년 단위의 단기 정책으로 개발되지 않을 것이고 5년 이내에 성과를 창출할 수 있는 정책만이 개발되지 않을 것이다.

그리고 '이념편향의 양대 정당'이 '대선 공약'에 반영되고 있지 않다면, 정권이 교체될 때마다 국가 '주요' 정책이 좌와 우의 근본이념에 따른 정책으로 교체되지 않을 것이다.

그러나 '대통령 임기 5년 단임제'나 '이념편향의 양대 정당'이 '대선 공약'에 반영되고 있음으로써 우리나라는 앞으로 나아가지 못하고 우와 좌로 우왕좌왕(右往左往)만 하고 있고, 우리나라의 국가 '주요' 정책이 5년마다 바뀌고 있고, 우리나라의 중장기 정책이 사라졌다.

II-3-1. 정권 교체에 의한 정책 교체

민주화 이후 대통령이 바뀌는 5년마다 국가 '주요' 정책이 모두 바뀌면서 우리나라에는 중장기 정책이 사라졌다. 그 결과 5년 이상의 중장기적으로 해결되어야 할 문제들이 해결되지 못한 채 쌓여가고 있다.

그리고 보수우파와 진보좌파의 양대 정당 사이에 정권 교체가 일어나면, 이전 정권의 정책과는 이념적으로 전혀 상반된 정책으로 교체되고 있다. 그 결과 나라 전체가 한번은 좌편향으로 기울었다가 다음 한번은 우편향으로 기울고 있다.

'민주화'의 이론가인 아담 쉐보르스키는 정권 교체에 따른 정책 교체를 민주주의 이행의 완결조건이라고 주장하고 있다(쉐보르스키, 112쪽). 정권 교체에 따른 정책 교체가 독재에서 벗어났다는 것을 입증하는 하나의 증거일 수는 있겠지만, 그러나 정권 교체에 따른 정책 교체를 민주주의 이행의 완결조건이라는 그의 주장에는 동의하기 어렵다.

대통령이 바뀔 때마다 모든 정책이 교체됨으로써 5년 이상의 중장기 정책이 실종되었고, 5년 이내의 단기 정책만이 개발되고 추진되는 것을 민주주의 이행의 완결조건으로 보기 어렵기 때문이다. 그리고 양대 정당 사이에 정권 교체가 일어나면 이전 정권에서 추진했던 정책들은 수정되거나 폐기되고, 그 자리에 집권 여당의 이념에 따른 정책이 추진되는 것 역시 민주주의 이행의 완결조건으로 보기 어렵기 때문이다.

고용 정책의 경우 보수우파가 집권을 하면 기업하기 좋은 여건의 조성이나 또는 시장 활성화를 통해 고용을 확대하려 하지만, 진보좌파가 집권을 하면 공공부문 고용 확대와 같은 정부 재정을 투입한 고용 정책을 추진한다.

법인세 정책의 경우 보수우파가 집권하면 법인세를 인하하여 최소한 경쟁국과 같은 수준의 기업하기 좋은 좋은 여건을 만들려고 하지만, 진보좌파가 집권하면 법인세를 인상하여 소득 재분배를 위한 재원을 확보하고자 한다.

대북정책의 경우 보수우파가 집권을 하면, 북한을 신뢰하기 어렵다는 입장을 견지하면서 대북 강경책을 펼치려고 하지만, 진보좌파가 집권을 하면 소위 햇볕 정책으로 북한의 변화를 유도해야 한다는 입장을 견지하면서 북한에 대한 지원을 확대하려고 한다.

교육정책의 경우 진보좌파는 공교육 붕괴를 막기 위해서는 자립형 사립고등학교를 축소하거나 폐지하려고 하지만, 보수우파는 고등학교 평준화가 오히려 공교육 붕괴를 강화하게 된다면서 자립형 사립고등학교를 유지하고자 한다.

에너지 정책의 경우 진보좌파는 원전이 안전하지 않다는 이유로 원전 건설의 중단 등 탈원전 정책을 추진하지만, 보수우파는 원전보다 친환경적이고 경제적인 에너지는 없다는 이유로 원전을 확대한다.

최저임금 정책의 경우 보수우파는 고용주와 근로자의 자율 계약에 의해 최저임금이 결정되도록 하려고 하지만, 진보좌파는 전체 근로자의 최저임금을 인상하려고 한다.

그 외에도 보수우파와 진보좌파는 서로 상반되는 정책을 추진하고, 따라서 집권할 때마다 상대방 정권이 추진하였던 정책은 폐기하고 그 정책과 상반되는 정책을 도입한다. 상대방 정권에서 개발한 정책은 상대방 정당에서 개발되었다는 이유만으로 또는 상대방 정권의 이념에 따른 정책이라는 이유만으로 그 정책을 이어가지 않는다.

보수우파에서 진보좌파로 정권 교체가 일어나면 나라 전체가 보수우파 정책 일변도에서 진보좌파 정책 일변도로 바뀌고, 진보좌파에서 보수우파로 정권 교체가 일어나면 나라 전체가 진보좌파 정책 일변도에서 보수우파 정책 일변도로 바뀌고 있다. 나라가 한번은 보수우파로 완전히 기울었다가 다음 한번은 진보좌파로 완전히 기울고 있다.

대북정책, 경제정책, 외교정책, 고용정책, 부동산정책, 교육정책, 노동정책, 원전정책, 최저임금정책 등과 같이 특히 이념대립이 첨예한 정책일수록 더욱 그렇다. 정권이 바뀌면 이전 정권의 정책을 이어가지 않는다.

그 결과 일관성 없는 교육정책으로 학부모들은 자녀 교육에 많은 혼돈을 겪고 있고, 일관성 없는 외교정책으로 우리 주변 국가들이 많은 혼돈을 겪고 있고, 일관성 없는 경제정책으로 기업들이 중장기적인 계획을 수립하고 추진하는 데 어려움을 겪는 등 정권 교체에 따른 정책 교체로 혼돈과 혼란을 겪고 있다.

이러한 사실들은 정권 교체에 따른 정책 교체가 민주주의로의 이행의 완결조건이 '아니라'는 근거들이다. 혹시 아담 쉐보르스키는 장기 독재 정권을 넘어 민주 정권으로 이양하는 것이 얼마나 힘든 일인지를 염두에 두고 그러한 주장을 하고 있는 것인지는 모른다. 그래서 평화로운 정권 교체가 일어나고 정권 교체에 따른 정책 교체가 일어나기만 하면, 일단 민주주의로의 이행이 완결된 것으로 보아야 한다고 주장하고 있는 것인지 모른다.

그러나 평화로운 정권 교체가 일어나고 정권 교체에 따른 정책 교체가 일어나고 있지만, 우리나라의 문제해결 능력은 오히려 크게 하락하였다. 정권이 바뀔 때마다 국가 '주요' 정책 전체가 바뀜으로써 정책의 추진 기간이 5년으로 제한되면서 중장기 정책이 실종되고 정책의 일관성이 없어지면서 우리나라의 문제해결 능력이 크게 하락하였다.

그 뿐만이 아니다. 보수우파와 진보좌파 사이에 정권 교체가 일어나면 이념적으로 정반대의 정책으로 교체되고 있다. 우리나라 이념편향의 양대 정당에게는 정책 교체는 이념의 우월성을 입증하기 위한 기회이기 때문이다.

진보좌파에게 정책은 진보좌파 이념의 우월성을 증명하기 위한 수단일 뿐이고, 보수우파에게 정책은 보수우파 이념의 우월성을 증명하기 위한 수단일 뿐이다. 나라 전체가 5년이나 10년을 주기로 한번은 보수우파의 정책을 추진하다가 그 다음 한번은 진보좌파의 정책을 추진하고, 진보좌파의 정책을 추구하다가 다시 보수우파의 정책을 추진하는 일이 반복되고 있다.

다른 나라들과 다르게 우리나라에서는 대선 공약에 의해 모든 국가 '주요' 정책이 결정되고 있고 '대통령 임기 5년 단임제'와 '이념편향의 양대 정당'이 대선 공약에 반영되고 있기는 하다. 그로 말미암아 정권 교체에 따른 정책 교체의 부정적인 효과가 다른 나라보다 클지 모른다.

그러나 정권 교체에 따른 정책 교체가 민주주의의 완성이라는 쉐보르스키의 주장은 일단 우리나라에 맞지 않는다. 정권 교체에 따른 정책 교체는 우리나라의 경우 민주주의의 완성이 아니라 미완성의 민주주의를 의미한다. 일반화될 수 없는 주장이다.

문제는 우리나라 양대 정당에 의한 근본이념의 실험은 어느 한쪽의 이념이 다른 한쪽의 이념에 비해 압도적으로 우월하다는 판정으로 끝나기 힘든 실험이라는 것이다. 서로 상대방보다 이념적 우월성을 입증하여 다른 한쪽을 영구히 꺾으려 하지만, 그러나 어느 한 정당의 이념적 우월성을 입증하는 것은 불가능에 가깝다.

폭력으로 자유민주주의를 억압하는 정권이 탄생하지 않는 한, 또는 독재를 가능하게 하는 법을 은밀히 통과시켜 자유민주주의를 무너뜨리지 않는 한, 양대 정당 가운에 어느 한 정당이 이념적인 우월성을 입증을 통해 어느 한쪽이 다른 한쪽을 영구히 꺾기는 어려울 것으로 보인다.

그 이유는 이념편향의 양대 정당은 이념과 연관된 특정 이해관계자의 입장만을 중시하고 그 이해관계자의 입장만을 반영하려고 하기 때문이다. 모든 이해관계자들의 입장을 고려하고 조율하려고 하지 않기 때문이다.

그렇게 되면 집권 여당의 이념 편향적 정책에 반영되지 않은 이해관계자가 반발하게 된다. 그러나 집권 여당에서는 반발을 수용하는 것은 상대방 이념의 우월성을 인정하는 것이기 때문에 그 반발을 수용하려고 하지 않는다. 오히려 반발을 억누르려고 한다. 억누르는 것이 집권 여당이 추구하는 이념이 우월하다는 것을 보여주는 것이기 때문이다.

그러면 그럴수록 억눌림을 당하는 이해관계자의 집권 여당에 대한 반발은 더욱 거세지게 된다. 그 반발에 야당 진영의 지식인과 언론 등이 합류하면서 반발은 더욱 가열차게 진행된다.

그에 중도층이 합류하게 되면 집권 여당의 이념 편향적 정책은 점차 추진력을 잃어간다. 대통령의 레임 덕(lame duck)이 발생하고 정권 교체가 일어난다.

정권 교체가 일어나면 집권하게 된 야당에서는 야당의 이념적 우월성이 입증된 것으로 착각한다. 그러나 집권하게 된 야당은 불행하게도 이전 집권 여당의 전철을 그대로 밟는다. 이념과 연관된 특정 이해관계자의 입장만을 중시하고 그 이해관계자의 입장만을 반영하려고 한다.

이념 편향적 양대 정당은 이념적 우월성을 판정받기 어렵다. 그럼에도 불구하고, 대선 공약에 양대 정당의 이념편향이 반영되고 있는 우리나라에서 양대 정당의 이념적 우월성을 입증하기 위한 실험은 쉽게 끝날 것 같아 보이지 않는다.

이념적 우월성을 입증하는 못하는 실험이지만, 양대 정당의 이념 편향이 대선 공약에 반영되고 있는 한 이 실험은 계속될 것으로 보인다. 나라를 뒤로 후퇴시키는 실험이고 나라발전을 볼모로 한 실험이 계속될 것이다.

나라의 미래가 당의 미래나 이념보다 앞선다는 것, 곧 당이 재집권하는 것보다 나라의 미래가 우선이라는 것을 가장 잘 보여준 사람은 사회민주당(SPD) 출신의 독일 총리였던 게하르트 쉬뢰더(Gerhard Schroeder)였다.

그는 독일 통일 이후 막대한 통일 비용이 투입되고 있음에도 불구하고 실업자가 계속 늘어나는 등 독일이 점점 더 깊은 병에 빠져들자 이로부터 헤쳐 나오기 위해 개혁을 단행한다.

'어젠다 2010' 또는 '하르츠 개혁'이라고 불리는 이 개혁의 목표는 독일의 실업률을 줄이고 독일 경제를 활성화하기 위한 것이었다. 시간제 근로와 작은 일자리(small job)를 대폭 확대하고 임시 근로자를 확대하는 등 여러 가지 개혁을 추진하였다. 그 가운데 노동 유연화(flexibilization of labour)가 그 핵심이었다.

근로자의 고용 보호를 완화하여 해고를 쉽게 하였다. 그 결과 통일 이후 점점 더 심각한 문제로 대두되었던 독일의 실업률이 급격하게 줄어들었다. 그리고 독일은 유럽의 병자에서 유럽의 리더로 우뚝 올라섰다.

노동의 유연화, 고용의 경직성 완화는 일반적으로 진보좌파 정당이 아니라 보수우파 정당이 추구하는 정책이다. 독일의 기독민주당이 추구하는 정책이지, 쉬뢰더 총리가 소속되어 있는 사회민주당이 추구하는 정책이 아니다.

그러나 그는 독일 병을 치유하기 위해 사회민주당의 이념을 포기하고 보수우파 정당의 이념을 과감하게 도입하였다. 그는 당장은 당의 이념적 지지층의 반발이 예상되더라도, 나라의 먼 미래를 위해서 그 정책을 택하는 것이 정치의 중요한 책무라고 판단하고 과감하게 그 정책을 개발하고 추진한 것이다.

그 과정에서 고정지지층인 노동조합과 진보좌파 지식인들의 거센 반대와 저항이 있었지만, 그는 흔들리지 않고 개혁을 추진하였다. 그러나 사회민주당은 노동자들의 입장을 대변하는 정당이었고 주된 지지층이 노동자들이었다. 그 사회민주당이 노동자들이 달갑지 않게 생각하고 있는 개혁을 주도한 대가는 결코 적지 않았다.

사회민주당(SPD)은 정권 재창출에 실패하고 기독교민주당(CDU)의 앙겔라 메르켈(Angela Merkel) 총리에게 정권을 내주었다. 메르켈은 하르츠 개혁에 힘입어 지금까지 4선 총리를 하고 있다.

비록 사회민주당은 집권하지 못하고 있지만 쉬뢰더의 결단은 독일이 독일병으로부터 벗어날 수 있는 중요한 발판을 마련하였다. '정치인이라면 국익을 위해 선거에서 패배할 위험도 감수할 수 있어야 한다'는 그의 말대로 그는 당의 지지율보다는 국익을 선택하였다.

실제로 그는 그의 말대로 진정한 정치가라면 국민에게 당장은 부담이 되는 결정이고, 고정지지층의 지지를 잃을 수도 있는 결정이고, 그래서 혹시 정권을 잃을 수도 있는 결정일지라도, 국익을 위한 결정을 내려야 한다는 것을 보여주었다.

그러나 그를 따라 하기는 쉽지 않다. 장기간 집권하지 못하게 만들고 지지율을 하락하게 만드는 결정을 당의 리더가 하는 것이 맞는가에 명쾌하게 답하기 어렵다.

그러나 쉬뢰더가 했던 것과 같은 개혁을 기대하기는 어려울지라도 쉬뢰더는 타산지석(他山之石)이 되기에 충분하다. 나라발전을 위해 불가피하다면, 정당이 추구하는 이념을 지키고 당의 고정지지층의 변함없는 지지를 확보하는 것보다 나라발전을 위한 초석을 놓는 과감한 선택이 일어나야 할 필요가 있다는 것이 그것이다.

보수우파와 진보좌파의 양대 진영이 나라발전을 위해 머리를 맞대고 공동의 해결책을 찾는 일이 일어나야 할 필요가 있고, 그리고 많은 반대와 저항이 예상됨에도 불구하고 나라발전을 위해서 불가피하다면 그 나라발전을 위한 선택을 감행하여야 한다는 것이 그것이다.

유감스럽게도 우리나라 이념편향의 양대 정당에게는 나라발전이 우선이 아니다. 자신의 당에 불리한 결정이라고 할지라도 나라발전을 위해 불가피한 결정을 하는 정치지도자의 출현을 기대하기 어렵다.

우리나라에서는 여전히 각 정당이 추구하는 이념의 우월성을 입증하는 것이 우선이고, 나라 전체의 국민을 대변하는 것이 아니라 각 정당의 고정지지층을 대변하는 것이 우선이다.

　나라를 보수우파와 진보좌파, 좌와 우 양쪽으로 분열하고 나라를 보수우파와 진보좌파, 좌와 우 양쪽으로 왕복하게 만드는 데 몰두하고 있을 뿐, 그로부터 어떠한 심각한 문제들이 발생하고 있는지에 대해서는 거의 관심조차 없는 것으로 보인다.

　이제 우리나라에는 변화가 필요하다. 나라를 두 쪽으로 분열시키고 있는 진보좌파와 보수우파의 근본이념에 따른 정책개발을 중단하고 나라가 한 방향으로 나아갈 수 있는 정책개발이 이루어져야 한다. 정권이 교체되더라도 중장기 정책이 변함없이 추진될 수 있어야 한다.

　이러한 전환은 '대선 공약'에 의해 모든 국가 '주요' 정책이 결정되고 있는 정책개발 경로를 다른 정책개발 경로로 전환하는 것에서 시작될 것이다. 양대 정당의 이념편향이 국가 '주요' 정책이 되는 한, 우리나라는 정권이 교체되면 정책이 교체될 수밖에 없고, 보수우파와 진보좌파의 근본이념의 실험장에서 벗어나기 힘들 수밖에 없기 때문이다.

II-3-2. 중장기 정책의 실종

　중장기적으로 해결되어야 할 문제를 해결하는 것이 나라발전에 더 중요한 경우가 많다. 잘못된 구조와 잘못된 관행을 바꾸기 위해서는 추진 기간의 제약 없는 정책 설계가 필요하기 때문이다.

그러나 현재 우리나라에서는 국가 백년대계의 정책은커녕 10년 앞을 내다보는 정책조차 찾아보기 힘들다. 먼 미래를 내다보고 국가 백년대계(百年大計)를 설계한 정책은 잊어버린 지 오래이다.

대통령 임기 5년 단임제가 5년 이상의 추진 기간이 필요한 국가 '주요' 정책을 개발될 수 없게 제한하고 있기 때문이다. '대통령 임기 5년 단임제' 하에서 5년 이상의 추진 기간이 필요한 '대선 공약'을 개발하는 것은 이미 대통령의 권한을 벗어난 약속을 하는 것이고, 그리고 다음 대통령의 권한을 침해하는 것이기 때문이다.

그 결과 5년 이상의 문제해결 기간이 필요한 문제들이 있지만, 중장기적 나라발전을 위한 국가 백년대계의 정책들이 필요하지만, 그를 위한 정책개발 자체가 이루어지지 못하고 있다. 중장기 정책, 국가 백년대계가 사라졌다.

그로 말미암아 해결되어야 할 문제들이 해결되지 않고 있다. 예를 들어 국가 경쟁력이 점차 하락하고 있지만 국가 경쟁력 강화를 위한 정책이 수립되지 않고 있다. 정규직과 비정규직 사이의 이동을 가로막는 높은 장벽, 곧 노동시장의 이중구조가 해소되지 않고 있다. 노동생산성이 OECD 국가 가운데 멕시코 다음으로 낮은 수준이지만 이를 향상시키지 못하고 있다.

대학졸업자는 과잉 공급되고 숙련인력은 과소 공급되는 인력수급의 불균형을 개선시키지 못하고 있고, 대학입시 위주의 주입식·

암기식 대학입시 교육에서 창의적이고 자기 주도적인 교육으로의 전환이 이루어지지 않고 있다.

수도권에 인구의 절반 이상이 살고 있고 지방이나 농어촌에는 폐허가 늘어가고 있지만, 인구가 분산되기는커녕 점점 더 집중되고 있다. 수도권 지역의 부동산 가격은 고공행진을 하고 있지만, 지방의 부동산 가격은 날이 갈수록 떨어지고 있다.

저출산·고령화 대비 많은 정책과 예산을 투입하고 있지만, 합계 출산율은 오르지 않고 있다. 그리고 전 세계에서 GDP 대비 가장 많은 R&D 투자를 하고 있지만, 그 성과는 미미하다.

우리나라에 중장기 정책이 개발되지 않고 있는 것은 아니다. 앞서 언급한 바 있듯이 「기본법」이나 「특별법」, 「진흥법」 등 법에 따를 경우 중장기 정책의 개발과 추진이 가능하다. 이 법에 의거한 정책의 경우 정책 목표가 달성될 때까지 정책을 개발하고 정책을 추진할 수 있다. 5년 단임제의 대통령 임기의 제약을 받지 않는다.

그러나 이 법에 따라 수립된 중장기 정책들은 정권의 주된 관심의 대상이 아니다. 그 이유는 아마도 중장기 정책이 정권의 성과로 연결되지 않기 때문일 것이다. 그 결과 「기본법」이나 「특별법」, 「진흥법」 등에 의해 추진되는 정책들 거의 대부분이 성공하지 못하고 있다.

「저출산고령사회기본법」에 따라 전 세계에서 가장 빠른 속도로 진행되고 있는 우리나라 저출산·고령화를 대비하기 위한 중장기 정책이 개발되고 추진되고 있다. 많은 정책과 예산, 행정력이 투입되고 있지만, 그러나 합계 출산율은 높아지는 것이 아니라 점점 더 낮아지고 있다.

「국토균형발전특별법」에 따라 수도권에 인구가 집중되는 것을 완화하기 위한 중장기 정책이 개발되고 추진되고 있다. 여러 가지 정책과 예산, 행정력이 투입되고 있지만, 그러나 비수도권의 인구는 점점 더 줄어들고 수도권에 점점 더 많은 인구가 몰리고 있다.

「과학기술진흥법」에 의해 과학기술 연구개발에 우리나라는 GDP 대비 전 세계에서 가장 높은 수준의 투자를 하고 있다. 그러나 그럼에도 불구하고 코리안 R&D 패러독스라고 불릴 만큼 과학기술 정책의 성과는 낮은 편이다.

「양성평등기본법」에 따라 양성평등을 실현하기 위한 여러 가지 정책이 실행되고 있지만, 여성 차별은 거의 극복되지 못하고 있다. 여전히 남녀 성 역할의 차이는 존재하고 그에 따라 직장여성의 경력단절, 승진 차별, 일·가정 양립의 어려움, 성희롱 등이 극복되지 않고 있다.

중장기 정책을 개발하고 추진할 수 있는 법적 근거가 마련되어 있고, 그 법에 따라 각종 중장기 정책이 개발되고 추진되고 있지만, 그 성과는 미미하다. 그 이유는 아마도 그 정책의 성패가 정권의 성과와 무관한 것이기 때문일 것이다.

5년의 기간 내에 해결되기 어려운 문제들의 경우 문제의 원인이 하나나 둘이 아니라 여럿이다. 그리고 그 원인들은 대부분 서로 무관하게 병렬적으로 각각 따로따로 작용하고 있는 것이 아니라, 직렬적으로 서로 영향을 주면서 문제에 작용하고 있다.

앞에서 언급한 바와 같이 문제는 근본 원인과 파생 원인에 발생하고 파생 원인은 근본 원인에 의해서 파생된다. 문제와 원인 사이의 관계로 볼 때 파생 원인이 문제를 발생시키는 직접적인 원인이고 근본 원인은 간접적인 원인이다.

근본 원인은 파생 원인을 발생시키고 파생 원인은 문제를 발생시킨다. 근본 원인은 파생 원인을 거쳐 간접적으로 문제를 발생시키고, 파생 원인은 문제를 직접적으로 발생시킨다.

따라서 문제를 해결하기 위해서는 근본 원인을 발본색원하여야 한다. 파생 원인이 문제를 직접적으로 발생시키기 때문에 파생 원인만을 해소하면 문제가 해결되는 것으로 보이지만, 그러나 근본 원인을 해소하지 않고 파생 원인만을 해소하는 것만으로 문제는 해결되지 않는다.

근본 원인이 해소되지 않았다면 해소되지 않은 근본 원인에 의해서 파생원인이 다시 재생되기 때문이다. 파생 원인의 해소만으로는 문제는 해결되지 않는다. 문제를 해결하기 위해서는 근본 원인을 해소하여야 한다.

그럼에도 불구하고 우리나라 정책의 대부분은 문제의 파생 원인만을 해소하려 하고 있다. 문제의 근본 원인은 그 존재조차 파악하지 못하고 있는 듯하고, 근본 원인에 의해 파생 원인이 파생되고 있음을 파악하지 못하고 있는 듯하다.

아마도 그 이유는 근본 원인이 아니라 파생 원인이 직접적으로 문제를 발생시키고 있기 때문인 것으로 보인다. 그리고 아마도 대통령 임기 5년 단임제 복병의 등장으로 정책의 시야가 근시안이 되었기 때문일 것이다. 중장기적 해결이 필요한 문제는 문제해결의 정책 대상이 되지 못하기 때문일 것이다.

저출산·고령화 정책이 우리나라에서 실패하고 있는 것이 대표적인 예가 될 것이다. 저출산·고령화를 해결하기 위해서 정부는 2006년부터 '저출산고령사회기본계획'을 세우고, 그 기본계획을 추진하기 위해 많은 정책과 예산, 행정력을 동원하고 있다.

투입 예산만 따져보면 1차(2006~2010)에는 19조7천억 원, 2차(2011~2015)에는 60조3천억 원의 예산이 투입되었고, 3차(2016~2020)에는 108조4천억 원의 예산이 투입될 예정이다. 결코 적지 않은 예산이다.

그러나 3차 기본계획이 거의 종료되어가고 있지만, 합계 출산율은 점점 더 떨어지고 있고, 앞으로도 계속 더 떨어질 것으로 예측되고 있다. 그 가장 큰 이유는 기본계획의 정책들이 저출산·고령화의 근본 원인을 규명하고 그 근본 원인을 해결하려는 것이 아니라, 파생 원인들만을 저출산의 원인으로 규명하고 그 파생 원인들만을 해소하려 하고 있기 때문이다.

저출산은 다양한 원인들이 병렬적으로 그리고 직렬적으로 작용한 결과이다. 그 원인들 가운데 청년 실업은 결혼과 출산을 포기하게 만드는 저출산의 중요한 원인의 하나이다. 그러나 청년 실업은 저출산의 근본 원인이 아니라 저출산의 근본 원인에 파생된 파생 원인이다.

저출산의 근본 원인은 하나가 아니고 여럿이다. 그 근본 원인들 가운데 하나는 '서열 높은 대학진학만이 사회적 성공의 유일한 통로'이다. '서열 높은 대학진학만이 사회적 성공의 유일한 통로'는 저출산의 매우 많은 파생 원인들을 파생시키고 있는 근본 원인이고 따라서 해결되어야 할 주요 문제의 하나이다.

그 근본 원인 '서열 높은 대학진학만이 사회적 성공의 유일한 통로'로부터 '대학진학만이 유일한 사회적 성공의 통로'가 파생된다. 서열 높은 대학에 진학하려고 했지만 그에 실패하였지만, 대학진학 이외의 다른 사회적 성공의 통로가 없기 때문에 일단 대학을 진학하고 있다.

그 결과 우리나라의 대학진학률은 가파르게 증가하였다. 1990년 33.2%였던 대학진학률이 2008년에는 83.8%까지 상승하였다가 2020년에는 70% 전후에 머무르고 있다.

갑자기 대학진학률이 상승하면서 노동시장에서의 대학졸업자 수요를 훨씬 초과하는 대학졸업자가 노동시장에 공급되었다. 청년실업은 대학졸업자의 공급 초과에 의해 파생된 것이다.

대학졸업자 모두에게 사회적 성공이 보장되어 있지 않다. 대학졸업 후 '좋은 일자리'의 '좁은 문'을 통과한 극소수의 대학졸업자만이 사회적으로 성공할 수 있다. 그 좁은 문을 통과하지 못한 대다수의 대학졸업자들에게는 가혹한 시련이 기다리고 있다.

하향 취업하는 대학졸업자들도 있지만, 자신이 원하는 일자리가 아니면 취직하지 않는 대학졸업자도 적지 않다. 그 가운데에는 지치지 않고 취업 문을 두드리는 대학졸업자도 있지만, 취업을 아예 포기하는 대학졸업자도 있다. 소위 170여만 명에 이르는 NEET(Not in Education, Employment or Training) 족이 그들이다.

우리나라 특유의 청년실업을 해결하기 위해서 필요한 일은 대학졸업자가 과잉공급 되지 않도록 하는 것이다. 노동시장에서 대학졸업자가 공급되는 만큼 대학졸업자의 수요를 늘릴 수는 없기 때문이고, 더군다나 대학졸업자가 원하는 '괜찮은 일자리'를 노동시장이 모두 제공하도록 만들 수 없기 때문이다. 그리고 그렇다고 대학졸업자에게 하향취업을 강요할 수도 없는 일이기 때문이다.

대학졸업자의 과잉공급을 막기 위해서는 '대학진학만이 사회적 성공의 통로'를 해소하여야 한다. 그리고 '대학진학만이 사회적 성공의 통로'를 해소하기 위해서는 '서열 높은 대학진학만이 사회적 성공의 통로'를 해소하여야 한다.

청년실업은 저출산의 근본 원인으로부터 파생된 파생 원인이다. 청년실업을 파생시킨 원인들을 단계별로 거슬러 올라가면 대학졸업자의 과잉공급, 대학진학만이 유일한 사회적 성공의 통로, 그리고 '서열 높은 대학진학만이 유일한 사회적 성공의 통로'가 있다. 따라서 저출산을 해결하기 위해서는 저출산의 근본 원인, '서열 높은 대학진학만이 유일한 사회적 성공의 통로'가 해소되어야 한다.

저출산의 근본 원인인 '서열 높은 대학진학만이 유일한 사회적 성공의 통로'를 해소하지 않고 그로부터 파생된 파생 원인인 청년 실업의 해소만으로 저출산은 해결되지 않는다. 대기업에 청년취업을 강요하거나 공기업이나 정부 기관에 청년취업을 늘리는 것은 손바닥으로 하늘을 가리는 일일 뿐이다.

　청년실업 자체를 해소하려는 노력을 기울이면 청년실업이 일시적으로 해결되고 있는 것처럼 보일 수는 있다. 그러나 해소되지 않은 저출산의 근본 원인에 의해서 저출산의 파생 원인인 청년실업은 다시 재생되고 재생된 청년실업에 의해서 다시 저출산은 해결되지 않는다.

　그럼에도 불구하고 청년실업만을 줄이려 한다면 그것은 깨진 항아리에 물을 붓는 것과 같은 일이다. 파생 원인만을 해소하려는 일은 돌을 언덕 위에 계속 올려놓지만, 돌은 다시 굴러 내려오고 내려온 돌을 끊임없이 굴려 올려야 놓으려는 일을 반복하는 것이나 다를 바 없는 일이다. 문제를 해결하는 것이 아님에도 무의미하고 헛된 일에 많은 노력을 쏟아붓는 일이다.

　청년실업을 해소하려고 계속 노력하지만, 그 청년실업은 줄어들지 않는다. 계속 다시 제자리로 돌아온다. 줄어드는 것처럼 보이다가 다시 원상태로 돌아온다. 다시 굴러 내려오는 돌을 굴려 올려놓지 않으려면 언덕을 없애야 한다. 언덕을 없애지 않고 돌을 굴려 올려놓으려는 노력은 아무리 반복해도 성공할 수 없는 노력이다.

합계 출산율을 높이기 위해서는 청년실업을 해소하여야 하고 청년실업을 해소하기 위해서는 대학진학률을 낮추어야 한다. 그리고 대학진학률을 낮추기 위해서는 대학에 진학하지 않아도 사회적으로 성공할 수 있는 통로를 구축하여야 한다. 서열 높은 대학에 진학하지 않아도 사회적으로 성공할 수 있는 통로가 구축되어야 한다.

그 통로는 믿고 이동할 수 있을 정도로 든든한 통로이어야 한다. 그 통로로 진입하면 서열 높은 대학 졸업 못지않은 사회적 성공이 보장된다는 믿음을 줄 수 있는 그러한 통로이어야 한다.

그러한 통로가 구축되면 비로소 고교 졸업생들이 그 통로로 이동하기 시작할 것이다. 그렇게 되면 서열 높은 대학에 진학하기 위한 지나치게 치열한 경쟁이 줄어들고, 대학진학률이 떨어지고, 대학 졸업 실업자가 줄어들고, 삼포 세대가 서서히 사라지게 될 수 있는 변화가 일어나게 될 것이다.

'서열 높은 대학진학만이 유일한 사회적 성공의 통로'는 저출산·고령화와 연관된 청년실업만을 파생시키고 있지 않다. 청년실업 외에도 공교육 붕괴, 높은 사교육비, 계층이동의 단절, 노인빈곤율, 인성 교육 실패, 인력수급의 불균형, 수도권 인구 집중, 해외 유학과 기러기 아빠 등 많은 파생 원인을 파생시키고 있다.

그 가운데 심각한 문제의 하나는 공교육 붕괴이다. 정규 학교 수업시간임에도 학생들이 책상에 엎드려 잠을 자는 일이 벌어지고 있다고 한다. 사교육에 보다 충실하기 위해 잠을 자 둔다는 것이다. 있을 수 없는 비정상 중의 비정상이지만, 그 비정상이 현재 고등학교의 일상이다.

사교육 시장은 높은 성적을 받게 하기 위한 방법과 기술을 개발하기 위해 경쟁적으로 최선의 노력을 기울인다. 학생들을 경쟁적으로 끌어들여야만 사교육 시장에서 살아남을 수 있기 때문이다.

그에 비해 공교육은 정체되어 있고 따라서 사교육 시장의 경쟁력을 도저히 따라갈 수 없다. 그 결과 공교육은 붕괴되고 학생들의 사교육 의존도는 점점 더 높아간다.

'서열 높은 대학진학만이 유일한 사회적 성공의 통로'는 공교육만을 붕괴시키는 것이 아니다. 수도권에 인구를 집중시키고, 계층 이동의 사다리를 붕괴시키고 있다. 저소득층의 자녀는 사회적 성공의 통로로 접근하지 못하게 되고 부모가 보다 비싼 사교육을 감당할 수 있는 경제적 능력을 갖고 있는 학생들의 경우에만 사회적 성공의 통로로 접근할 수 있기 때문이다.

존 롤스가 지적한 '형식적 기회 균등'이 야기하는 문제가 바로 우리나라에서 발생하고 있는 것이다. 곧 사회적 배경의 차이가 동등한 경쟁을 할 수 없게 만들고 있다.

성적 경쟁은 '서열 높은 대학진학만이 유일한 사회적 성공의 통로'에 진입하기 위한 치열한 경쟁에서 비롯된 것이다. 그리고 공교육 붕괴는 그 근본 원인으로부터 파생된 파생 원인이다. 따라서 공교육 붕괴를 해결하기 위해서는 이 문제의 근본 원인을 해결하여야 한다.

그러나 우리나라에서 공교육 붕괴의 원인은 마치 자립형 사립고등학교이거나 아니면 고등학교 평준화인 것처럼 보인다. 자립형 사립고등학교로 우수한 학생들이 빠져나가는 것이 공교육 붕괴의 원인이라는 진단과 한 교실 안에 우수한 학생과 그렇지 못한 학생의 격차로 인해 정상적인 학교 수업을 불가능하게 만든 고등학교 평준화가 공교육 붕괴의 원인이라는 엇갈린 진단이 서로 대립하고 있다.

그러나 자립형 사립고등학교나 고등학교 평준화는 공교육 붕괴의 근본 원인이 아닐 뿐만 아니라 파생 원인도 아니다. 공교육 붕괴는 사교육 확대에 의해 발생한 것이고, 사교육 확대는 서열 높은 대학에 진학하기 위한 성적 경쟁으로부터 발생한 것이다.

따라서 공교육 붕괴의 근본 원인은 '서열 높은 대학에 진학하기 위한 성적 경쟁'이다. 그리고 공교육 붕괴의 파생 원인은 사교육 확대이다. 모든 고등학교가 평준화된다고 공교육 붕괴를 막을 수 있는 것이 아니고, 모든 고등학교라 자립형 사립고등학교가 된다고 공교육 붕괴를 막을 수 있는 것이 아니다.

그럼에도 불구하고 우리나라에서 공교육 붕괴에 대한 논의는 자립형 사립고등학교 대 고등학교 평준화를 둘러싼 논쟁 중심으로 일어나고 있다. 진보좌파는 자립형 사립고등학교 때문에 공교육이 붕괴되고 있다고 하고, 보수우파는 고등학교 평준화 때문에 공교육이 붕괴되고 있다고 주장하고 있다.

진보좌파는 우수한 학생이 자립형 사립고등학교로 빠져나감으로써 공교육이 붕괴되었다고 전제하고 있다면, 보수우파는 고등학교 평준화로 우수한 학생과 그렇지 못한 학생의 격차로 인해 정상적인 학교 수업을 불가능하게 만들었기 때문에 공교육이 붕괴되었다고 전제하고 있다.

두 전제 모두 부분적으로 타당하기는 하다. 자립형 사립고등학교에 다니는 학생들은 사교육 의존도가 떨어진다는 부분에서 보수우파의 주장은 타당하다. 그러나 우수한 학생들이 자립형 사립고등학교로 빠져나감으로써 일반 고등학교의 공교육은 더욱 붕괴된다. 진보좌파의 주장은 이 부분에서 타당하다.

그러나 보수우파는 자립형 사립고등학교에 의해 일반 고등학교의 공교육의 붕괴가 더욱 심화되고 있다는 것에 답하기 어렵고, 진보좌파는 대학입시를 위한 성적 경쟁이 공교육을 붕괴시키고 있다는 것에 답하기 어렵다. 곧 보수우파의 사각지대는 일반 고등학교의 공교육 붕괴이고, 진보좌파의 사각지대는 대학입시를 위한 성적 경쟁이다.

일반 고등학교의 공교육 붕괴가 자립형 사립고등학교의 탓이라고 보기는 어렵다. 자립형 사립고등학교가 처음부터 존재하지 않았다고 하더라도 일반 고등학교의 공교육은 붕괴되었을 것이기 때문이다.

그럼에도 불구하고 진보좌파가 집권하면 자립형 사립고등학교를 폐지하려 하고, 보수우파가 집권하면 고등학교 평준화를 변화시키려 한다. 그러나 어느 정책도 공교육 붕괴를 막지 못한다. 모두 실패하고 있다.

청년실업이나 공교육 붕괴의 사례는 우리나라 국가 '주요' 정책이 문제의 근본 원인 해소와는 무관하다는 것을 잘 보여주고 있다. 그리고 공교육 붕괴의 경우에는 파생 원인도 아닌 것을 해소하면 문제가 해결될 것이라는 논쟁, 곧 문제해결과는 무관한 무의미한 논쟁만을 하고 있다는 것을 잘 보여주고 있다.

우리나라 정책이 근본 원인 해소와 무관하게 된 이유 가운데 하나는 우리나라 정책의 시야가 5년 이내의 근시안이 되었기 때문이다. 문제해결의 범위가 5년으로 제한되어 5년 이상의 해결이 필요한 문제들은 정책의 시야에 들어오지 않게 되었기 때문이다.

근시안의 정책 시야에 '대학진학 이외의 '다른' 사회적 성공의 통로의 구축'과 같은 국가 백년대계는 잡히지 않는다. 그 정책의 중요성을 인정할지라도 최소 몇십 년 이상의 정책추진 기간을 요하는 정책을 개발할 수 없기 때문이다.

고등학교 졸업생들이 이동하고 싶어 할 수 있는 통로를 설계하고 그 통로를 구축하는 일, 그리고 그 통로에 대한 믿음이 생겨서 그 통로로 사람들이 이동하게 되기까지는 적지 않은 시간이 걸릴 것이기 때문이다.

우리나라 정책의 시야가 5년의 근시안이 되면서 문제의 근본 원인이 해소되어야 파생 원인도 해소되고 문제도 해결되지만, 근본 원인은 해소하지 않고 파생 원인만을 해소하려고 하게 된 것이다. 경우에 따라서는 파생 원인이 아닌 것을 해소하려 하게 된 것이다.

혹시 엄청난 예산과 정책, 입법과 행정력을 파생 원인의 해소에 투입한다면 파생 원인이 거의 100% 가까이 해소된 것처럼 보일 수도 있을 것이다. 그러면 파생 원인을 해소하기 위해 조금만 더 많은 자원을 동원한다면 파생 원인이 완전히 해소될 것이라고 착각하게 될 수도 있다.

그러나 파생 원인 해소를 위한 노력은 깨진 항아리에 물 붓기와 다를 바 없는 일이다. 또는 시지프스의 신화의 이야기와 같이 굴러 떨어지는 돌을 계속 굴려 올려놓는 것과 같은 일이다. 아무리 많은 양의 물을 아무리 빠르게 길어다 붓는다고 하더라도 깨진 항아리에 물은 채워지지 않고, 아무리 빠르게 돌을 굴려 올려놓아도 돌은 정상에 머물지 않고 다시 굴러떨어진다.

대통령 임기 5년 단임제의 문제를 개선하기 위해서 5년 단임제를 4년 중임제로의 개헌하자는 주장이 지속적으로 제기되어 왔다. 4년 중임제 하에서 대통령이 연임하여 8년 동안 집권하게 되면, 지금보다 정책의 추진 기간이 3년 더 길어지게 되고 그 길어진 만큼 정책 효과가 나타날 것이라는 것이 그 주장의 근거이다.

개헌론의 주장대로 개헌이 되어 대통령이 연임하게 되면, 정책의 지속기간이 5년에서 8년으로 지금보다 3년 더 길어질 수도 있을 것이다. 그러나 연임한다는 가능성이 확실하지도 않은 상황에서, 추진 기간 8년의 대선 공약을 개발하기 어려울 것이다.

8년 추진 기간의 대선 공약을 개발하였다가 연임에 성공하지 못하게 되면, 4년의 국정과제는 폐기하여야 한다. 8년 동안 추진하여야 하는 정책을 4년 만에 중단하여야 한다.

결국 연임에 성공하지 못할 것을 염두에 둔다면 4년 단위의 대선 공약을 개발하게 될 것이고, 연임하게 될 경우에만 추진해왔던 정책들을 4년 더 연장하여 추진하게 될 것이다. 결국 8년의 추진 기간이 필요한 대선 공약을 개발하고 8년 동안 흔들림 없이 추진할 수 없게 될 것이다.

4년 중임제 개헌론은 개헌을 하게 되면 정책의 추진 기간이 8년이 될 것이라고 주장하지만, 그러나 실제로 정책의 추진 기간은 4년인 것이다. 결국 4년 중임제로는 정책의 추진 기간을 4년으로 단축시키는 결과를 초래하게 될 것이다.

그리고 그에 더하여 4년 중임제로 대통령 임기를 바꾼다고 하더라도 대선 공약의 복병과 이념편향의 양대 정당의 복병이 야기하는 문제들은 여전히 남아있게 된다. 곧 대통령이 모든 국가 '주요' 정책을 결정하고 추진하고, 부실한 대선 공약이 국가 '주요' 정책이 되고, 선거승리용의 대선 공약이 국가 '주요' 정책이 되는 것에는 변화가 없을 것이다.

그리고 보수우파와 진보좌파의 근본이념이 국가 '주요' 정책에 반영될 것이고, 여당은 국정과제를 지원하고 야당은 그를 저지하기 위해 최선을 다하고 있을 것이다. 정권이 바뀌면 정책이 바뀔 것이고 그로 말미암아 보수우파와 진보좌파의 어느 정책도 제대로 뿌리내리지 못할 것이다.

중장기적으로 해결이 필요한 문제들 대부분은 국가 경쟁력 향상,

국민 잠재력 개발 및 국민의 삶의 질 향상 등에 커다란 영향을 미치는 문제들이다. 그러나 대선 공약에 의해 국가 '주요' 정책이 개발되고 있는 한, 5년 이상의 추진 기간이 필요한 국가 '주요' 정책은 개발되지 않을 것이다.

II-3-3. 보수우파와 진보좌파의 극한 이념대립

우리나라 진보좌파와 보수우파의 양대 정당은 각각 좌파의 근본이념과 우파의 근본이념을 추구하고 있다. 보수우파가 집권하면 보수우파의 근본이념에 따른 정책만을 추진하고, 진보좌파가 집권하면 진보좌파의 근본이념에 따른 정책만을 추진하고 있다. 그리고 보수우파가 집권하면 보수우파의 근본이념과 부합하는 이해관계자의 입장만을 대변하고 진보좌파가 집권하면 진보좌파의 근본이념과 부합하는 이해관계자의 입장만을 대변하고 있다.

정치선진국의 정당도 대부분 보수우파와 진보좌파로 나누어져 있다. 미국은 공화당과 민주당으로, 영국은 보수당과 노동당으로, 독일은 기독민주당과 사회민주당으로, 불란서는 공화당과 사회당의 양대 정당으로 나누어져 있다.

거의 대부분의 나라의 정당이 보수우파와 진보좌파의 양대 정당으로 나누어져 있는 이유는 산업사회의 등장 이후 시장의 기능과 국가의 역할에 대한 해석이 각각 다르고 그에 따라 추구하는 이념이 각각 다르기 때문이다. 성장을 중요시하는가 분배를 중요시하는가, 경쟁을 우선시하는가 평등을 우선시하는가에 따라 보수우파의 입장과 진보좌파의 입장이 각각 다르기 때문이다.

그리고 보수우파와 진보좌파의 입장의 차이에 따라 각각 대변하고자 하는 이해관계자가 다르기 때문이다. 시장의 기능을 중시하는 보수우파는 기업을 대변하고자 하고, 국가의 역할을 중시하는 진보좌파는 노동자를 대변하고자 하기 때문이다.

보수우파는 시장에 대한 인위적인 개입은 불확실성을 증가시키기 때문에 가능하면 시장의 자율조절기능에 맡겨야 한다고 주장하고 있다면, 진보좌파는 시장의 자율조절 기능은 완전하지 않기 때문에 가능하면 시장에 국가가 개입하여야 한다고 주장하고 있다.

보수우파는 국가 실패와 시장의 자율기능 확대를 강조하고, 진보좌파는 시장 실패와 국가 개입의 확대를 강조한다. 그에 따라 보수우파는 큰 시장-작은 정부를 지향하고, 진보좌파는 작은 시장-큰 정부를 지향한다.

보수우파는 기업의 입장에서 국가 경쟁력의 강화를 중시한다면, 진보좌파는 근로자의 입장에서 근로 조건의 개선을 중시한다. 보수우파는 기업하기 좋은 나라를 만들기 위해 노력하고, 진보좌파는 근로자가 살기 좋은 나라를 만들기 위해 노력한다.

그에 따라 보수우파가 정권을 잡으면 기업이 활성화되고, 진보좌파가 정권을 잡으면 노동조합이 활성화된다. 보수우파가 정권을 잡으면 경제가 성장하고, 진보좌파가 정권을 잡으면 복지가 늘어난다. 보수우파는 기업의 법인세를 낮추어 기업하기 좋은 여건을 만들고자 한다면, 진보좌파는 법인세를 높여 부의 양극화를 해소하고자 한다.

여기까지 정치선진국의 양대 정당이나 우리나라의 양대 정당의 차이는 거의 없다. 보수우파가 큰 시장-작은 정부를 지향하고 기업을 대변하고 있는 것이나, 진보좌파가 작은 시장-큰 정부를 지향하고 노동자를 대변하고 있는 것에는 차이가 거의 없다.

그러나 정치선진국의 보수우파와 진보좌파는 이념을 추구하되 이념 편향적이지 않지만, 우리나라의 보수우파와 진보좌파는 이념 편향적이다. 정치선진국의 양대 정당은 이념보다는 현실을 중심으로 현실을 해석하고 현실의 문제점을 해결하려고 하지만, 우리나라의 양대 정당은 이념에 따라 현실을 해석하고 이념에 충실하여 현실의 문제를 해결하려 한다.

이념보다 현실의 문제해결을 더 중시하는 정치선진국의 양대 정당은 상대방 정당과의 부분적인 타협이 가능하지만, 현실의 문제해결보다 이념을 더 중시하는 우리나라 양대 정당 사이의 타협은 불가능하다. 서로 상대방 정당의 이념은 철저히 부정하고 서로 자신 정당의 이념만을 인정받으려 하기 때문이고, 서로 자신 정당의 이념만이 실현되어야 할 것이고, 서로 상대방 정당의 이념은 실현되어서는 안 될 것이기 때문이다.

우리나라 이념편향의 양대 정당은 양쪽 이념의 중간인 현실로 이동하여 정책적 해법을 찾고 그 해법을 제시하려 하지 않는다. 좌와 우의 양쪽 끝의 근본이념에 따라 현실을 파악하고 정책적 해법을 찾고 그 해법을 제시하고 있다.

이념의 시각으로 현실을 재단하고 이념에 현실을 꿰맞추려 한다. 현실에 따라 현실을 해석하고 현실에 충실하여 문제를 해결하려는 것이 아니라 이념에 따라 현실을 해석하고 이념에 충실하여 문제를 해결하려고 하고 있다.

이념에 맞지 않는 현실은 잘라내어 마치 현실이 아닌 것처럼 취급하고 있다. 근본이념의 양쪽 끝에서 보다 근본적인 이념에 부합하는 변수만을 고려하거나 근본적 이념에 부합하는 이해관계자의 입장만을 대변하고 있다.

고용 유연화의 예를 들어보자. '근로자를 위한 세상'의 편에 서 있는 진보좌파는 근로자를 쉽게 해고하지 못하도록 근로자의 고용 보호를 강화하여야 한다고 주장하지만, '기업하기 좋은 나라'의 편에 서 있는 보수우파는 근로자를 쉽게 해고할 수 있도록 근로자의 고용 보호를 완화하여야 한다고 주장한다.

보수우파는 과도한 고용 보호는 기업으로 하여금 경기 변화에 탄력적으로 기업 운영을 하지 못하게 만든다고 진보좌파를 비판한다. 불경기의 경우에는 해고를 어렵게 만듦으로써 기업 운영에 많은 어려움이 발생한다고 호소한다. 그리고 호경기에도 불경기를 대비하여 고용을 확대하지 못하게 만듦으로써 근로자의 일자리를 빼앗아가게 된다고 비판한다.

진보좌파는 고용 보호의 완화는 근로자의 해고를 쉽게 만듦으로써 근로자의 삶을 불안정하게 만들고, 근로자의 생존권을 위협하기 때문에 고용 보호를 완화하려는 보수우파를 비판한다. 오히려 건전한 사회로 나아가기 위해서는 노동자의 근속 연수를 늘려야 하고 따라서 고용 보호를 강화하여 노동자의 안정된 삶을 보장하여야 한다고 주장한다.

급여 체계에 대해서도 진보좌파와 보수우파의 입장은 서로 전혀 다르다. 보수우파는 근무 연한에 비례하여 연봉이 오르고 직급이 오르는 연공서열제는 근로자를 나태하게 만들고 하향 평준화되도록 만드는 급여 체계라고 비판한다. 그러면서 다른 나라에는 거의 없는 급여 체계인 연공서열제를 폐지하고 성과연봉제를 도입하여야 한다고 주장한다.

그러나 진보좌파는 성과연봉제의 도입은 근로자 사이의 화합을 해치고 근로자들 간의 경쟁을 유발하게 만드는 것으로 성과연봉제의 도입에 반대하면서 연공서열제를 유지하는 것이 바람직하다고 주장한다.

법인세에 대한 입장, 복지와 사회 안전망에 대한 입장, 경쟁과 불평등에 대한 입장, 계층에 대해서도 우리나라 양대 정당은 서로 전혀 입장이 다르다.

법인세에 대해서 보수우파의 입장에서는 경쟁국보다 높은 법인세율은 기업의 국제 경쟁력을 악화시키게 되어 수출 약화, 국내 경기 침체, 일자리 창출 미흡으로 연결된다고 주장하면서 법인세율 인하를 주장한다. 그러나 진보좌파는 대기업의 법인세를 높여 부의 양극화 해소를 위한 복지 재원으로 활용하여야 한다고 주장한다.

복지와 사회 안전망에 대해서 보수우파는 우리나라에서 복지와 사회 안전망을 높이기 위해서는 그에 상응하는 조세 및 사회보험료 부담률 인상이 필요하다는 입장이다. 그러나 진보좌파는 유럽의 사회복지 국가에 비하여 우리나라 사회복지 지출비율이 낮은 편이므로 복지 지출을 확대하여야 한다고 주장한다.

고용 보호·고용 완화, 급여 체계, 그리고 법인세와 복지·사회 안전망을 둘러싼 보수우파와 진보좌파의 입장 차이에서 보듯이 보수우파와 진보좌파 어느 한쪽만이 100% 옳은 것이 아니다.

고용 유연성이 지나치게 높아져도 문제이지만, 고용 경직성이 지나치게 높아져도 문제이다. 성과연봉제를 도입하여야 하지만, 근로자 사이의 지나친 경쟁을 유발하거나 화합을 해치지는 말아야 한다. 법인세가 경쟁국보다 높아도 문제이지만, 복지와 사회안전망을 위한 재원도 필요하다.

기업이 주장하는 바에도 근로자가 수용하여야 할 부분이 있고, 근로자가 요구하는 바에도 기업이 수용하여야 할 부분이 있다. 곧 보수우파의 입장이나 진보좌파의 입장 모두 부분적 타당성만을 갖고 있다. 어느 한쪽이 절대적으로 옳은 것이 아니다.

시장의 기능과 국가의 역할의 경우도 마찬가지이다. 시장의 기능도 필요하지만 국가의 역할도 중요하다. 큰 시장만이 능사는 아니고 큰 국가만이 능사는 아니다. 보수우파의 성장 우선주의와 진보좌파의 분배 우선주의는 모두 부분적 타당성을 동시에 가지고 있다.

국가 전체의 부를 증대시키기 위해서 시장의 자율기능에 맡겨야 한다고 입장인 보수우파는 부의 재분배를 등한시하여 부의 불평등·양극화를 심화시킬 수 있다. 국가 개입을 통해서 부의 불평등을 완화하여야 한다는 입장인 진보좌파는 기업의 국제 경쟁력을 등한시하여 국가 경쟁력을 약화시킬 수 있다.

과도하게 국가가 개입하여 부의 재분배를 추진하려고 하면, 경쟁국보다 기업하기 열악한 조건들이 형성되어 기업의 국제 경쟁력을 떨어뜨리게 된다. 경기 침체가 일어나고 시장이 원활하게 작동하지 못하게 된다. 그렇게 되면 부의 재분배는 하향 평준화의 평등이 되고 만다.

그러나 다른 한편에서 과도하게 국가 경쟁력을 강조하면서 시장의 자율조절 기능에 맡기게 되면, 나라 전체의 부는 증가하지만 근로자의 노동 조건이 악화된다. 소수를 위한 성장에 그치게 된다. 그렇게 되면 계층이동이 막히고 사회 갈등이 심화된다.

한번 국가 경쟁력을 잃으면 다시 회복하기 힘든 것이 국제 시장의 논리이고, 이러한 점에서 보수우파의 역할이 필요하다. 그러나 다른 한편에서 나라의 부가 분배될 수 있는 구조가 마련되어 있지 않으면, 부익부 빈익빈의 사회가 된다. 이를 방지하기 위해서 진보좌파의 역할이 필요하다.

국가를 운영하는 사람들이 모두 선한 의지를 갖고 있지 않고, 보이지 않는 손에 의한 시장의 자율조절 기능이 항상 선한 결과만을 낳지 않는다. 시장이 인간적인 어려움을 이해해 줄 것이라 기대하기 어렵지만, 시장에서의 경쟁을 무시하면 치러야 할 대가가 적지 않은 것 역시 사실이다.

국가가 개입하지 말아야 할 부분이 있는가 하면, 시장에 맡기지 말아야 할 부분이 있다. 시장 실패가 일어나는 부분은 국가가 맡고 국가 실패가 일어나는 부분은 시장에 맡겨야 한다. 시장의 자율조절 기능에 지나치게 의존하면 시장 실패에 제대로 대응하지 못하고, 국가 개입에 지나치게 의존하면 국가 실패에 제대로 대응하지 못하기 때문이다.

시장은 완전하지 않고 실업, 부의 불평등이나 기회의 불평등, 산업재해, 환경 파괴 등 시장 실패가 발생한다. 시장에만 맡겨둘 수 없기 때문에 국가 개입이 필요하지만 그러나 국가 개입이 완전한 것은 아니다.

법인세 인상이나 규제 강화 등 지나친 국가 개입은 기업 경쟁력 약화, 재정 적자 확대, 근로의욕 저하 등 국가 실패를 발생시킨다. 국가 개입이 지나치면 시장이 위축되고 성장이 저하된다.

국가와 시장 둘 가운데 어느 하나만을 중시하고 어느 하나에 너무 지나치게 의존하면 문제가 생긴다. 과유불급(過猶不及), 지나치면 부족함만 못한 것이다. 국가의 역할과 시장의 기능 가운데 어느 하나의 역할과 기능만을 지나치게 강조하면 균형을 잃게 된다.

새가 한쪽 날개로만 날아갈 수 없듯이, 국가와 시장의 어느 한쪽 날개만으로는 날 수 없다. 그러나 우리나라 보수우파와 진보좌파는 마치 한 쪽 날개로만 날 수 있다고 착각하고 있는 것으로 보인다. 상대방의 역할이 필요함을 인정하려고 하지 않고 역지사지(易地思之)하려고 하지 않는다.

이러한 의미에서 존 롤스의 「정의론」은 우리나라 보수우파와 진보좌파가 지향하는 사회가 각각 어떠한 문제를 갖고 있고 어떠한 한계를 갖고 있는지를 추론하게 해준다.

그는 사회 정의의 실현 정도를 '형식적 기회 균등'-'실질적 기회 균등'-'공정한 기회 균등'-'절대적 기회 균등'의 4단계로 나누어 설명하고 있다. 각 단계별로 기회 균등의 실현 정도, 사회 정의의 실현 정도가 조금씩 보완되는 것으로 설명하고 있다.

그러나 마지막 '절대적 기회 균등'의 단계는 공산주의 사회에서나 가능한 것으로 우리의 논의 대상에서 벗어난다. 그 단계는 논리적 추론의 산물이지 실제로 그가 추구하였던 것으로는 보이지 않는다.

'형식적 기회 균등'은 시장에서 경쟁의 자유를 추구한다. 모든 사람에게 경쟁의 자유를 부여하는 사회로 나아가고자 한다. 보다 많은 사람이 시장에서 보다 많은 이윤을 얻을 수 있도록 동등한 경쟁을 보장하는 사회가 '형식적 기회 균등'의 사회이다.

그러나 롤스는 부모의 능력의 차이와 타고난 재능의 차이, 곧 사회적 배경의 차이와 천부적 자질의 차이가 시장에서 동등하게 경쟁할 수 없게 만든다는 사실에 주목한다.

'실질적 기회 균등'은 사회적 배경의 차이와 천부적 자질의 차이를 보완한 단계이다. 부모의 능력의 차이나 타고난 재능의 차이로 말미암아 시장에서 동등한 경쟁을 할 수 없는 '형식적 기회 균등'의 한계를 보완한 단계이다.

그러나 '실질적 기회 균등' 단계에서도 성공한 사람과 성공하지 못한 사람의 차이가 발생한다. 사회적 배경의 차이와 천부적 자질의 차이를 보정하더라도 모든 사람이 똑같이 성공하는 것은 아니기 때문이다.

그래서 그는 '공정한 기회 균등'의 단계를 논의한다. 이 단계는 성공한 사람이 성공하지 못한 사람에게 일정한 몫을 나누어주는 단계이다. 이는 기회 균등을 넘어 결과의 균등에 해당하는 것으로 보인다.

롤스의 분류에 따르면 시장에서 경쟁의 자유를 추구하고 있는 우리나라 보수우파는 '형식적 기회 균등'을 지향하고 있는 것으로 볼 수 있고, 부의 재분배를 추구하고 있는 우리나라 진보좌파는 '공정한 기회 균등'을 지향하고 있는 것으로 볼 수 있다.

문제는 우리나라 진보좌파가 추구하고 있는 '공정한 기회 균등'은 '형식적 기회 균등'이나 '실질적 기회 균등'을 거치지 않은 '공정한 기회 균등'이라는 것이다. '형식적 기회 균등'을 인정하지 않은 '공정한 기회 균등'이라는 것이다. 그것은 성장을 전제로 하지 않은 분배, 하향평준화를 지향하는 것이나 다름없다. 국제 경쟁력 하락을 전제로 한 분배를 추구하는 것이나 다름없다.

부의 증가는 시장에서의 경쟁의 자유를 통해서 가능하지만, 우리나라 진보좌파는 시장에서의 경쟁의 자유를 인정하지 않고 부의 재분배만을 우선적으로 추구하려 한다. 그렇게 되면 성장 없는 분배가 될 것이고, 분배의 몫이 점점 작아지는 부의 재분배가 될 수밖에 없다.

그에 반해 보수우파가 지향하는 '형식적 기회 균등'은 계층이동의 사다리가 끊어진 사회가 될 가능성이 높다. 사회적 배경이 성공을 좌우하는 사회, 출신이 곧 신분이 되는 사회이기 때문이다.

하층 계층에게도 시장에서 동등한 경쟁의 자유가 주어져야 하지만, 우리나라 보수우파는 부모의 계층이 자녀의 계층을 결정하는 사회를 문제 삼지 않는다. 실제로 우리나라는 현재 하층 계층에서는 아무리 노력해도 성공할 수 없는 '기회 불평등'의 사회가 되었다 (이근식, 280).

보수우파는 시장에서의 자유로운 경쟁을 지향하면서 기업 경쟁력 강화, 국가 전체 부의 증대 등을 강조하지만, '형식적 기회 균등'이 안고 있는 문제점에 대해서 언급하지 않는다. 그리고 진보좌파는 보다 평등한 사회를 지향하면서 소득 재분배를 강조하지만, '공정한 기회 균등'이 안고 있는 문제점에 대해서는 언급하지 않는다.

그럼으로써 성장과 경쟁을 강조하는 우리나라 보수우파에게는 분배와 평등의 사각지대가 존재하고 있고 분배와 평등을 강조하는 우리나라 진보좌파에게는 성장과 경쟁의 사각지대가 각각 존재하고 있다.

우리나라 보수우파와 진보좌파에게 사각지대가 발생하고 있는 이유는 양대 정당 모두 이념이 추구하는 현실만을 현실로 보고 있기 때문이다. 이념의 빛이 비추는 부분만이 현실이고 이념의 빛이 비추지 못하는 현실은 현실이 아닌 것으로 여기고 있기 때문이다.

그러나 우리나라 보수우파와 진보좌파에게 사각지대는 사각지대가 아니라 존재하지 않는 것이다. 상대방 정당의 이념의 빛이 비춘 현실은 현실이 아니고 자신의 정당의 이념의 빛이 비춘 현실만이 현실이다.

보수우파와 진보좌파 사이의 끊임없는 정쟁은 이로 말미암은 것이다. 서로 자신 정당의 이념에 의해 현실을 파악하고 파악하지 못한 현실은 현실이 아닌 것으로 취급하고 있기 때문이다.

따라서 서로 상대방 정당의 주장은 틀릴 수밖에 없고, 자신 정당의 주장만이 옳다. 자신 주장의 틀린 것은 인정할 수 없는 것이고, 상대방 주장의 옳은 것 역시 인정할 수 없는 것이다.

같은 진영 내에서의 인정(認定)이 쌍방(雙方)적이듯, 다른 진영에 대한 부정(否定) 역시 쌍방(雙方)적이다. 같은 진영 내에서는 서로 상대방을 인정하지만, 다른 진영에 대해서는 서로 상대방을 부정한다.

이러한 우리나라 정치 현실 앞에서 존 스튜어트 밀의 다음의 말은 무색하기만 하다.

　'비록 자기의 생각이 옳다 하더라도 충분히 그리고 기탄없이 토론
　을 벌이지 않을 경우 그것은 살아있는 진리가 아니라 죽은 독단이 되
　고 만다는 사실을 분명히 깨달아야 한다.'(밀, 73/74쪽)

　서로 자기의 생각만이 옳을 뿐이고 서로 상대방의 생각은 틀릴
뿐이다. 서로 상호보완하기 위해 토론을 벌이지 않는다. 토론을 벌
여도 자신이 옳고 상대방은 틀렸다는 주장만을 반복한다.

　인지 불일치(cognitive dissonance)의 개념은 우리나라 보수우파와 진
보좌파에게 정확하게 들어맞는다. 믿음과 확신이 사실 인식에 우선
하고, 믿음과 확신에 의해 사실이 왜곡된다.

　객관적인 사실임에도 믿음과 확신에 의해 사실이 아닌 것으로 인
식한다. 실제 존재하는 눈앞의 사실을 보는 것이 아니라, 자신이 믿
고 있는 것만 사실로 보려 한다. 자신이 믿고 있는 사실만 보려고
하고, 믿고 있지 않은 사실은 사실로 인정하지 않으려 한다.

　자신이 응원하는 선수의 파울은 파울이 아닌 것으로 보려고 하
고, 상대방 선수의 파울은 파울이 아닌 것도 파울로 보려고 한다.
나와 상대방 모두 객관적으로 인정하여야 할 사실이 있는 것이 아
니라, 내가 주관적으로 인정하는 사실만이 사실로 존재하고 있는
것이다.

　상대방 진영의 주장은 나와 다른 주장으로 변증법적으로 지양해
야 할 주장, 변증법적 반(反)으로 수용해야 할 주장이 아니다. 차이는

보완되어야 할 부분이 아니고, 틀림이고 오류일 뿐이다. 서로 스스로 독선(獨善)이면서 상대방만이 독선이라고 우기고 있는 것이다.

진보좌파만이 옳다고 주장하는 독선과 보수우파만이 옳다고 주장하는 독선이 서로 한 치의 양보도 없이 치열하게 대립하고 있다. 존 스튜어트 밀이 지적하고 있는 것과 같이 '독선이 독선을 탓하는 상황'인 것이다.

우리나라 보수우파와 진보좌파 양대 진영에서는 그 진영과 다른 주장이나 견해를 용납하지 않는다. 상대방 진영의 주장을 일부라도 인정하거나, 상대방 진영과의 타협과 협상을 주장하는 사람은 소속 진영으로부터 감당할 수 없는 비난을 받게 되고 외톨이가 되고 배신자가 된다.

따라서 이를 피하기 위해서는 상대방 진영의 주장 일부를 혹시 인정하더라도, 겉으로는 진영 논리에 따라 상대방 진영에 대한 비판과 공격 일변도로 행동하여야 한다. 진영 논리는 그 진영에 속해 있는 사람들로 하여금 자신의 소신에 따라 행동하지 못하게 만들고 있고, 진영 논리에 부화뇌동(附和雷同)하도록 만들고 있다.

부화뇌동의 진영 논리를 뛰어넘어야 현실에 대한 객관적인 인식이 시작되고, 변증법적 지양이 일어날 것이다. 그렇게 되어야 정쟁이 멈출 것이고, 정쟁이 멈추어야 정치발전이 시작될 수 있을 것이다.

그러나 현재 우리나라 현실 정치로 돌아오면, 이 진영 논리를 뛰어넘는 것은 그렇게 쉽지 않다. 진영 논리에서 벗어나, 개인의 소신에 입각한 독자적 행동을 하면, 그 개인은 바로 자신이 소속된 진영으로부터 개인으로서는 견디기 힘든 강력한 제재를 받게 되기 때문이다.

따라서 여당 진영에서 대통령의 국정 운영에 문제가 있음을, 또는 대통령이 추진하고 있는 국정과제에 문제가 있음을 속으로는 혹시 인정하더라도, 그 속마음을 숨기고 국정과제를 지지하는 것이 마음편한 일이고, 국정과제에 대한 야당의 비판을 단호하게 역공세로 몰아붙이는 것이 마음 편한 일이다.

진영 논리는 진영 논리를 뛰어넘지 못하도록 개인의 비판적 사고 능력을 마비시키고 있다. 같은 진영에 속해 있는 다수가 공유하고 있는 논리, 입장, 주장, 견해에서 벗어나 개인의 소신에 따라 자유로운 의견을 개진할 수 없도록 만들고 있고, 자신 진영의 문제점을 소신 있게 지적하지 못하게 만들고 있다.

진영 논리는 다수의 횡포이고, 다수의 집합적 강제이다. 같은 진영에 속해 있는 다수가 그 진영으로부터 이탈하려고 하는 개개인을 그 진영으로부터 이탈하지 못하도록 집합적으로 제재를 가하고 있기 때문이다. 다수에 의한 집합적 강제에 순응하지 않고 거부하는 것은 개인으로서는 감당할 수 없는 집단적 제재, 집단으로부터의 고립, 집단적 비판 등으로 되돌아온다(이홍균, 2004).

존 스튜어트 밀은 「자유론」에서 사회에서 널리 통용되는 의견이나 감정, 통설과 다른 생각을 하는 사람들을 윽박지를 뿐만 아니라, 그 통설을 행동 지침으로 받아들이도록 강요하는 경향에 대해 매우 통찰력 있게 설파하고 있다.

사회가 그릇된 목표를 위해 또는 관여해서는 안 될 일을 위해 권력을 휘두를 때, 그 횡포는 다른 어떤 형태의 정치적 탄압보다 훨씬 더 가공할 만한 것이 된다. 정치적 탄압을 가하는 사람들과는 달리 웬만해서는 극형을 내리지 않는 대신, 개인의 사사로운 삶 구석구석에 침투해, 마침내 그 영혼까지 통제하면서 도저히 빠져나갈 틈을 주지 않기 때문이다. 그러므로 정치 권력자들의 횡포를 방지하는 것만으로는 충분하지 않다. 그뿐만 아니라 사회에서 널리 통용되는 의견이나 감정이 부리는 횡포, 그리고 통설과 다른 생각과 습관을 지닌 사람들에게 사회가 법률적 제재 이외의 방법으로 윽박지르며 그 통설을 행동 지침으로 받아들이도록 강요하는 경향에 대해서도 대비해야 한다. 사회는 이런 방법을 통해 다수의 삶의 방식과 일치하지 않는 그 어떤 개별성도 발전하지 못하도록 방해한다. 그리고 할 수만 있다면 아예 그 싹조차 트지 못하도록 막으면서 급기야는 모든 사람의 성격이나 개성을 사회의 표준에 맞도록 획일화시키려고 한다. 그러나 분명히 강조하지만, 집단의 생각이나 의사가 일정한 한계를 넘어 개인의 독립성에 함부로 관여하거나 간섭해서는 안 된다. 그런 한계를 명확히 하여 부당한 침해가 일어나지 않도록 하는 것은 인간다운 삶을 유지하는 데 정치적 독재를 방지하는 것 못지않게 긴요하다(밀, 24/25쪽).

그는 '사회에서 널리 통용되는 의견이나 감정', '집단의 생각이나 의사'가 '개인의 사사로운 삶의 구석구석까지 침투해 영혼까지 통제하면서 빠져나갈 틈을 주지 않고', '모든 사람의 성격이나 개성을 사회의 표준에 맞도록 획일화'시키고 있음을 비판하고 있다.

'사회에서 널리 통용되는 집단의 생각이 개인의 독립성을 침해하고 있다'는 밀의 뛰어난 통찰력은 우리나라 진영 논리에도 그대로 적용된다. 진영 내에서 널리 통용되는 의견이나 감정이 개인의 사사로운 정치활동의 구석구석까지 침투해 빠져나갈 틈을 주지 않고, 모든 개인의 생각이나 주장을 진영 논리에 맞도록 획일화시키고 있다. 개인의 영혼까지 통제하고 있다.

자신과 같은 진영에 속한 사람은 같은 진영에 속해 있다는 이유만으로 인정되고 자신과 다른 진영에 소속된 사람은 그 진영과 입장을 같이한다는 이유만으로 부정된다.

상대방에 대한 부정은 부정을 넘어 인격적 무시로, 인격적 무시를 넘어 자신이 인격적으로 우월하다는 것을 증명하기 위해 목숨을 건 싸움, 위신투쟁(Prestigekampf)으로까지 발전한다. 물불 안 가리고 싸우느라 나라가 망가지는 것도 아랑곳하지 않고 서로 자신의 우월함을 증명하기 위한 싸움에 몰두하고 있다.

이 싸움이 계속되는 동안 나라는 계속 점점 더 보수우파와 진보좌파의 양극단으로 쪼개질 뿐 나라의 발전에는 전혀 도움이 되지 않는다. 나라발전에 도움이 되지 않는 것은 물론이고 나라를 망하게 하고 있다. 이 싸움의 끝은 망국(亡國)이다.

조선 시대 말기에 제국주의가 세상을 뒤덮고 있는 와중에 세상의 근본이 무엇인가의 논쟁, 이(理)와 기(氣)를 둘러싼 논쟁에서 헤어 나오지를 못하여, 일본 제국주의에 침탈당하였던 기억을 잊어버린 것처럼, 세계 시장의 치열한 경쟁 속의 대한민국을 걱정할 여력이 없는 듯하다. 서로 상대방을 이기기 위해 쏟아붓기에도 에너지가 모자라는 듯하다.

박상훈은 청와대 중심의 정부에 의해 우리나라가 적극적 지지자와 적극적 반대자의 '두 개의 서로 다른 두 나라'로 분열되고 있다고 지적한다. 보고 싶은 것만 보고 전달하고 싶은 것만 전달하는 '편견의 증폭기'에 의해 이념대립이 심화되고 있다는 것이다(박상훈, 26쪽). 그러나 우리나라를 '두 개의 서로 다른 두 나라'로 분열시키고 있는 것은 청와대 정부가 아니라, 민주화 이후 출현한 이념편향의 양대 정당이다.

보수우파와 진보좌파 모두 서로가 자신의 주장만을 되풀이하고 상대방 주장에 대해서는 반박만 하는, 스스로도 독선(獨善)이면서 상대방만을 독선이라고 탓하는 현재의 정치 상황에서 벗어나야 한다. 차이를 틀린 것으로 인식하는 이 정치 상황에서 벗어나 차이를 수용하여 더 큰 합(合)으로 나아갈 수 있는 정치로 전환되어야 할 것이다.

그러한 전환이 일어나면 이념의 스펙트럼을 통해서 파악되지 않는 현실이 있다는 것을 인정하고 현실을 중심에 놓고 문제를 해결하려고 노력하게 될 것이고, 파악하지 못한 현실을 서로 보완하려고 노력하게 될 것이다. 그리고 그러한 전환이 일어나면 나라를 보수우파와 진보좌파의 양 쪽 끝으로 끊임없이 잡아당기는 힘으로부터 벗어나, 나라가 한 방향으로 나아가게 될 것이다.

진영 논리의 집합적 힘의 틀 안에 자신의 비판능력을 가둔 사람들보다는 자신의 비판능력으로 집합적 힘의 틀을 깨고 행동하려는 사람들이 늘어나야 우리나라 양대 진영의 논리에 변화가 일어날 것이다. 그러나 문제는 그러한 변화를 현실적으로 기대하기가 매우 어려운 일이라는 것이다.

자신의 비판능력을 마비시키지 않고 거꾸로 비판능력이 지시하는 대로 행동하게 된다면, 그것은 사회의 잘못된 흐름을 바꿀 수 있는 정도의 매우 의미심장한 변화를 일으키게 될 것이다(뚜렌, 370). 그러나 그러한 변화의 필요성과 규범적 당위성을 강조하는 현대 사회학 이론가들은 많았지만, 실제로 그들이 원하였던 바대로 세상은 변화하지 않았다.

비판능력의 지시대로 행동하기가 얼마나 어려운지를 그들은 외면하였던 것으로 보인다. 그 필요성과 그 규범적 당위성에 따라 행동한 사람이 받게 될 엄청난 저항과 폭력이 그 사람으로 하여금 그 필요성과 당위성에 따라 행동하지 못하게 만들고 있다는 것을 그들은 직시하지 못하였던 것으로 보인다.

서로 상대방의 의견, 반(反)을 철저하게 배제하고 있는 이유는 문제해결보다는 진영 싸움에서 승리하는 것이 더 중요하기 때문이다. 상대방 이념편향 정책을 포용하고 수용하는 것은 같은 진영의 고정 지지층으로부터 반발을 일으키게 될 것이기 때문이다.

　그러나 상대방 지지층의 입장을 배제하면 할수록 상대방 지지층의 반발은 점점 더 거세진다. 야당 지지층의 반발이 크면 클수록 여당은 힘을 잃게 되고 야당은 점차 힘을 얻게 된다. 그리고 이에 중도층이 합세하게 되면 집권 여당은 점점 더 힘을 잃게 된다.

　문제는 힘을 얻은 야당이 집권하여 여당이 되면, 더 이상 야당 지지층을 배제하지 않는 포용의 정치를 하는 것이 아니라, 전 정권이 밟았던 전철을 다시 그대로 밟고 있다는 것이다. 보수우파든, 진보좌파든 집권 여당은 대선 공약으로 개발된 자신 정당의 이념에 충실한 이념 편향적 정책과 자신의 지지층만을 위한 정책만을 추진한다. 악순환이다.

　변함없이 지지하는 정당을 갖고 있지 않은 국민이 있다. 보수우파의 고정지지층도 아니고 진보좌파의 고정지지층도 아닌 유권자들이 그들이다. 그들은 보수우파를 지지하다가 진보좌파를 지지할 수도 있고 진보좌파를 지지하다가 보수우파를 지지할 수도 있는 유권자들, 곧 부동층(swing voter)이다.

　이 부동층은 이념편향의 양대 정당이 지배하고 있는 우리나라에서 캐스팅 보우트(casting vote)를 쥐고 있는 셈이다. 보수우파와 진보좌파 양대 정당은 고정지지층의 지지를 일단 확보한 다음 부동층의 지지를 받아야 하는 것이 중요한 선거 전략이기 때문이다. 부동층의 지지를 얻을 수 있느냐, 소위 '확장성'을 확보할 수 있느냐가 선거에서의 승리를 결정하기 때문이다.

부동층은 나라를 좌와 우의 근본이념으로 재단하는 데 동의하지 않고 나라를 좌와 우로 잡아당기는 데 동의하지 않는다. 부동층은 진보좌파의 고정지지층이나 보수우파의 고정지지층과는 달리 이념 편향적이지 않고 객관적이고 중립적인 입장을 취하고 있다.

그러나 이들의 객관적이고 중립적인 입장은 정당에 의해서 정치적으로 대변되지 못하고 있다. 나라가 양분되고, 비생산적이고 소모적인 정쟁이 끊이지 않고 있지만, 이 정쟁을 중단하고 나라를 통합하고 협치(協治)를 하여야 한다는 주장을 대변하는 중도 정당이 없는 것이다.

아마도 그 이유는 이념편향의 양대 정당이 쥐고 있는 정국의 주도권에 밀려있기 때문일 것이다. 그리고 주도권에서 밀린 이유는 보수우파와 진보좌파 양대 정당에 대항하여 객관적이고 중립적인 주장을 하는 것은 마치 뚜렷한 정치 지향성을 갖고 있지 않은 것처럼 취급받고 있기 때문인 것으로 보인다.

이념 편향적이지 않은 정책을 개발할 수 있는 정당, 현실의 문제를 이념이 아니라 현실에 기초하여 해결하려는 정당이 출현하면, 나라를 좌와 우로 양분하지 않을 수 있고 나라를 좌와 우로 우왕좌왕하지 않을 수 있게 될 것이다. 그리고 좌와 우의 이해관계자의 이해를 모두 반영할 수 있게 될 것이다.

그렇게 되면 그 '중도 정당'은 '이념편향'적이지는 않을 수 있겠지만, 그러나 그 '중도 정당' 역시 '대선 공약'과 '대통령 임기 5년 단임제'의 한계를 벗어나지 못한다. 국가 '주요' 정책을 대선 공약을 통해 개발한다면 그 정당 역시 부실한 국가 '주요' 정책을 개발하고 추진하여야 하고, 5년의 단기 정책만을 개발하고 추진하여야 할 것이다.

국가 '주요' 정책이 이념 편향적임으로 해서 발생하는 문제는 매우 심각하다. 나라를 양분하고 정권이 바뀔 때마다 좌편향의 정책이나 우편향의 정책으로 나라를 흔들고 있기 때문이다. 나라를 한 방향이 아니라 서로 전혀 다른 두 방향으로 나아가게 만들고 있기 때문이다.

Ⅱ-4. 대선 공약의 복병에 의한 정치발전 장애

대선 공약으로 개발되지 않으면 우리나라에서는 국가 '주요' 정책이 되지 못한다. 그런데 문제는 대외비·비공개의 대선 공약의 개발 조건과 선거 승리용의 대선 공약의 개발 목적은 포퓰리즘을 개발하기 좋은 조건이 되고 있다는 것이다. 대외비·비공개의 조건은 외부의 비판을 피해 대선 공약을 개발할 수 있게 해주기 때문이고, 선거 승리용의 목적은 국민의 지지를 손쉽게 얻을 수 있는 포퓰리즘 공약의 개발을 부추기고 있기 때문이다.

그리고 민주화 개념에는 정권에 의한 일방적인 정책개발이 아니라 국민 참여에 의한 정책개발이 포함되어 있다. 그러나 대선 공약은 국민의 참여가 철저하게 배제된 상태에서 개발되고 있다.

그 이유는 다른 당 소속의 대통령 후보 진영에 개발 중인 대선 공약이 알려지면 안 되기 때문이다. 그러나 그 이유로 말미암아 국가 '주요' 정책이 국민이 참여하지 못하는 상태에서 개발되도록 만들고 있다.

대선 공약은 대선공약단에 초빙된 공약개발자들에 의해서만 개발된다. 그 이외의 정책전문가들은 직·간접적으로 전혀 참여할 수 없다.

특히 우리나라에는 다른 나라에 비하여 뛰어난 정책연구기관을 보유하고 있고, 그 정책연구기관에는 우리나라 최고 수준의 정책연구위원들이 있지만, 정치적 중립을 이유로 이들은 대선 공약의 개발에 참여하지 못하고 있다.

II-4-1. 포퓰리즘의 확산

민주화 이후, 민주화 이전과 비교되지 않을 정도로 포퓰리즘이 확대되고 있다. 대선 공약의 단골 메뉴로 '부담의 증가 없는 혜택의 증가'가 거의 언제나 등장하고 있다.

더 많은 세금이나 보험료를 걷지는 않지만, 기초연금이나 아동 수당이나 청년 수당, 또는 건강보험이나 국민연금 등의 혜택은 늘리겠다는 대선 공약이 빠지지 않고 등장하고 있다. 마법이 아니고서는 그러나 '부담의 증가 없는 혜택의 증가'는 가능할 수 없다.

포퓰리즘은 세금이나 보험료 등을 마치 정당의 선거자금처럼 사용하는 일이다. 그것도 재정 적자와 국가 부채를 담보로 국민에게 퍼주기를 하는 것이다. 그럼으로써 한편으로는 국민을 국가 의존적으로 만들고 있고 다른 한편에서는 국가 채무를 늘리고 있다. 포퓰리즘으로 발생한 부채 상환의 부담은 포퓰리즘을 개발하고 추진한 정권이 짊어지지 않는다. 그 부담은 다음 정권과 다음 세대로 넘어간다. 부채 상환의 부담도 없이 포퓰리즘을 개발할 수 있는 것이다.

대통령 선거에서 승리하여야 하는 각 정당은 경쟁적으로 포퓰리즘을 개발하고 있다. 양심적으로 포퓰리즘을 포기하게 되면 선거에서의 승리를 장담하기 어렵게 되었기 때문이다. 그 결과 포퓰리즘이 점점 더 확대되고 있다.

한번 시작된 포퓰리즘은 브레이크가 고장 난 자동차처럼 멈추지 못한다. 더 늘어나면 늘어났지 줄어들지는 않는다. 그에 따라 국가 부채가 다음 세대가 상환할 수 없는 수준에 도달하면 국가 부도(moratorium)는 피할 수 없게 된다.

포퓰리즘은 세금과 보험료를 마치 정당의 선거자금처럼 사용하고 그 부담은 다음 세대에게 떠넘기는 일이다. 국가 부채가 심각한 수준임에도 불구하고 당장 눈앞의 당선에 눈이 멀어 국가 부채를 더 늘리는 일이다.

한번 포퓰리즘에 빠지면 포퓰리즘은 지속적으로 확대되고 그 종착지는 국가 부도이다. 포퓰리즘은 망국(亡國)을 담보로 해서라도 일단 당선하고 보자는 파렴치한 일을 서슴없이 하는 것이다.

국민으로 하여금 정부 재정에 의존하게 만드는 일은 정부가 해서는 안 되는 일 가운데 가장 해서는 안 되는 일에 속한다. 물론 재정 지원이 필요한 불가피한 처지에 있는 사람들이 있다. 신체적 조건이나 질병으로 말미암아 경제 활동을 할 수 없는 사람들과 취업을 희망하지만 취업이 되지 않아 경제적 지원이 시급한 이들이 그들이다.

이 경우 정부의 재정 지원은 불가피하다. 특히 신체적 조건이나 질병으로 경제 활동을 할 수 없는 사람들에 대한 정부의 경제적 지원은 필요하다. 그러나 신체가 건강하고 경제 활동을 할 수 있는 사람들을 위해서는 일자리 창출을 위한 제도 구축이 병행되어야 한다. 그러한 제도 구축을 병행하지 않으면서 경제적 지원만 계속한다면 그것은 포퓰리즘이다.

당장 실업 상태에 처한 젊은이들에게 다른 직업 선택의 길도 없는 상태에서 청년 수당은 필요한 응급처방일 것이다. 그러나 청년 실업을 근본적으로 해소하기 위한 문제해결의 방안을 병행하지 않고 청년 수당만을 지급하고 있는 것이 문제이다.

자립의 조건을 구축하지 않고 현금 수당만을 지원하는 것은 청년으로 하여금 최저생계비 이하의 청년 수당에 의존하게 만드는 것이다. 그것은 청년들에게 희망을 주는 것이 아니라 절망을 주는 것이다.

그것은 한편으로는 청년의 희망을 빼앗아가는 일이고, 다른 한편으로는 국가 재정의 파탄, 국가 부도로 이어지게 만드는 것이다. 근본적인 문제해결을 회피하고 당장 눈앞의 지지율을 높이기 위한 것이다.

청년실업을 줄이기 위해서는 다양한 직업 선택의 길을 구축하여야 한다. 예를 들어 독일식 마이스터 제도와 같은 수준의 고급숙련 인력 양성 제도를 구축하는 것이다. 그 제도는 한편으로는 청년실업의 근본 원인인 대학진학률을 낮추는 효과와 동시에 대학 졸업실업 자에게는 경제적 자립의 기반을 제공할 수 있을 것으로 보인다.

실제로 독일의 대학진학률은 40% 정도이다. 나머지 대부분은 고급숙련인력의 길을 선택하고 있다. 수공업 분야와 제조업 분야로 나누어져 약 350개 종류의 고급숙련인력이 양성되고 있다. 굳이 대학에 진학하지 않아도 사회적으로 성공할 수 있는 다양한 직업 선택의 길이 열려 있는 것이다.

그러나 독일식 마이스터 제도의 설계를 위해서도 몇 년의 시간이 필요할 것이고, 그 제도의 구축을 위해서 역시 몇 년의 시간이 필요할 것이다. 그리고 그 제도가 우리나라에 성공적으로 안착하기 위해서는 또 몇 년의 시간이 필요할 것이다.

그러나 '대통령 임기 5년 단임제'에 의해서 5년 단위의 단기 정책만이 개발될 수밖에 없고, '이념편향의 양대 정당'에 의해서 정권이 바뀌면 정책도 바뀌는 우리나라에서 문제의 근본 원인을 근본적으로 해소하기 위한 정책개발은 이루어지지 못하고 있다. 따라서 중장기적 설계와 추진이 필요한 마이스터 제도를 도입하거나 구축하는 일은 거의 불가능한 일이 되었다. 그 대신 청년실업을 빌미로 청년 수당 등 포퓰리즘이 거침없이 확대되고 있다.

포퓰리즘이 확대되고 있는 이유는 대선 공약이 대외비·비공개의 조건과 선거승리용의 목적에 따라 개발되고 있기 때문이다. 대외비·비공개의 조건은 개발 중인 대선 공약이 다른 정당의 대통령 후보에게 알려지지 않도록 하기 위한 것이었다. 그러나 그 조건이 외부의 비판을 피해 포퓰리즘을 확산시키기 위한 좋은 조건이 되고 있다.

그리고 대선 공약의 개발 목적은 선거에서의 승리이다. 국민으로부터 손쉽게 지지를 얻기 위해서는 국민에게 각종 경제적 지원을 하겠다는 인기영합주의 포퓰리즘을 개발하여야 하고, 다른 대통령 후보보다 더 많은 포퓰리즘 대선 공약을 개발하여야 한다.

정치가 선거승리의 유혹에 빠져있으면 있을수록, 국민은 점점 더 선거승리의 수단으로 동원된다. 점점 더 많은 국민이 포퓰리즘에 중독되면 될수록 정치는 점점 더 포퓰리즘을 선거승리의 수단으로 활용하게 된다.

포퓰리즘에 대한 정치의 목적과 국민의 욕구가 서로 일치하게 되면, 포퓰리즘의 악순환이 본격적으로 시작된다. 이미 확대된 포퓰리즘보다 포퓰리즘이 더 확대된다. 마치 점점 더 깊어지는 늪처럼 포퓰리즘에서 빠져나오지 못하게 된다.

포퓰리즘에 중독되고 있는 국민이 증가하고 재정 적자가 점점 더 확대되면, 포퓰리즘에 대한 경종이 점점 더 크게 들려야 할 것이다. 그러나 선거에서의 승리가 지상과제인 정치공학적 명령은 정치인으로 하여금 그 경종에 귀먹게 만들고 있고 당장 정부의 달콤한 지원에 길들여진 국민의 귀에 그 경종은 들리지 않는다.

불과 10여 년 전만 해도 포퓰리즘을 경계하는 글, 포퓰리즘의 확대로 말미암아 국가 부도의 위기에 처한, 국가 부도를 맞이한 나라들의 예를 들어가며 우리나라에 대해 경고하는 글을 TV와 신문을 통해서 쉽게 접할 수 있었다.

포퓰리즘의 마약과 같은 중독성, 재정 안전성에 대한 강조, 다음 세대로의 부담 이전 등의 문제에 대한 비판과 경고, 지적 등을 어렵지 않게 접할 수 있었다(서병훈, 243).

그러나 10여 년 전보다 포퓰리즘이 훨씬 더 확대되고 있음에도 불구하고 포퓰리즘에 대해 경종을 울리는 신문의 글이나 TV 토론은 오히려 더 줄어들었다. 재정 지출 확대에는 반드시 재정 확보 방안이 동시에 제시되어야 한다는 페이고(paygo; pay as you go)의 원칙도 점점 더 들리지 않고 있다.

그 대신 정반대의 주장이 들리고 있다. GDP 대비 국가 채무 비율이 40% 정도로 OECD 평균 110%에 비해 낮은 수준이므로 우리나라는 재정 건전성에 대해 걱정하기보다는 아직은 국가 지출을 늘려 복지를 확대할 수 있는 여력이 있다는 주장이 그것이다. 재정 지출을 확대하여 복지를 확대하면 부의 불평등도 줄어들고 내수 진작의 효과도 있으니 국가채무비율에 대해 너무 예민하게 반응할 필요가 없다는 것이다.

물론 필요에 따라서는 어느 일정한 기간 동안 재정 지출을 확대하여, 소비 증가-생산 증가-고용 증가로 이어지는 경기 부양책이 필요할 수도 있다. 그 경우 재정 지출 확대는 마중물로서의 의미가 있을 것이다.

그러나 포퓰리즘은 마중물이 아니라 끊임없는 정부의 지원을 전제로 하고 있다. 포퓰리즘의 재정 지출에 의해 경기가 살아나기는 거의 불가능하다는 것이다.

경기 침체로부터 벗어나야 하는 것이 진정한 목적이라면, 경기 침체의 구조적 원인을 파악하고 그에 대한 정책적 해법을 찾는 것이 정공법이다. 경기 침체를 국민에게 현물 지원을 통해 극복하여야 한다는 주장은 필요한 문제해결 곧 경제 구조 자체를 바꾸는 개혁을 회피하기 위한 얄팍한 변명에 불과하다.

더구나 재정 적자를 걱정하지 않아도 될 만큼 우리나라 국가부채 비율은 이미 OECD 평균보다 낮은 수준도 아니다. OECD 국가에서는 국가 채무에 앞으로 지급하여야 할 공무원연금 등 충당부채

등이 포함되어 있지만, 우리나라의 국가부채비율에는 충당부채가 포함되어 있지 않기 때문에 OECD 평균보다 낮아 보이지만, 이를 포함하면 우리나라의 국가부채비율은 이미 100%를 넘어서 있다고 한다.

그에 더하여 OECD 국가들에 비하여 우리나라 국가부채비율의 증가속도는 매우 빨라서, 1998년 15.3%였던 국가부채비율이 불과 20여 년 만에 3배 이상 증가하였다고 한다. 우리나라는 이미 안심할 수준을 넘어 국가부채비율을 철저히 관리하여야 할 수준에 도달해 있는 것이다.

그러나 선거승리라는 눈앞의 목적을 달성하기 위해 이러한 사실을 덮어두려 하고, 현재 OECD 국가들보다 국가 채무가 낮다는 이유로 재정 적자를 합리화하고 있다. 브레이크가 고장 난 자동차가 내리막길을 달리고 있는 것과 같이, 국가 부도가 바로 눈앞에 보임에도 불구하고 그 위험을 향해 점점 더 빠른 속도로 달리려 하고 있는 것이다.

또 다른 형태의 포퓰리즘이 있다. 재정 지출의 확대가 아니라 조세 불투명성을 그대로 유지하는 포퓰리즘이 그것이다. 직장인의 소득은 '유리 지갑'으로 투명하게 파악되고 있지만, 소상공인이나 자영업자의 소득은 거의 파악되지 않는 '검은 지갑'으로 방치되고 있다.

국민의 부담을 늘리는 일이기 때문에 국민의 반발과 지지도의 하락을 우려하여 정당이나 대통령 후보는 적극적으로 이 문제를 해결하겠다고 나서지 않는다. 국민의 납세 의무를 방기하고, 소득파악률을 높이지 않고, 지하경제를 방치하고 있는 것이다.

국민 부담의 증가 없는 국민의 혜택의 증가는 아니지만, 국민에게 납세 의무를 부과하지 않음으로써 국민 부담을 증가시키지 않는 것 역시 포퓰리즘이다. 이는 국가에게 주어진 중요한 책무를 방기하는 국가의 직무유기이다.

소상공인이나 자영업자 등의 소득파악은 납세자가 국세청에 신고한 소득, 신고소득에 의존하고 있다. 그러나 납세자의 신고소득을 실제 소득이라고 간주하기 힘들다. 부가가치세나 소득세, 4대 사회보험료를 규정보다 적게 납부하기 위해 신고소득은 실제 소득보다 훨씬 적게 신고할 것이기 때문이다.

물론 정직하게 국민의 의무를 다하려는 소상공인이나 자영업자도 있을 것이다. 다만 그러한 정직한 소득신고자는 극히 소수에 불과할 것으로 보인다. 신고소득에 의존하여 소득을 파악하고 그 신고소득을 기준으로 세금과 보험료를 부과하고 있는 상황에서, 정직하게 소득을 신고하는 사람이 많지 않을 것이기 때문이다.

카드로 거래를 하면 투명하게 매출이 밝혀지기 때문에 그를 피하기 위해 현금 거래를 선호하는 팻말을 걸어놓은 가게들이 많이 눈에 띈다. 현금 거래를 선호한다는 문구를 적어놓은 곳이나 현금만을 받겠다고 적어놓은 곳도 있고, 현금 거래 시 10% 할인이라는 문구도 쉽게 볼 수 있다.

그리고 소비자도 소상공인이나 자영업자가 원하는 대로 굳이 카

드가 아니라 현금으로 지불한다. 현금 거래만큼 매출에서 누락시키기 위한 것이라는 것을 뻔히 알고 있지만, 굳이 카드로 계산하려고 하지 않는다.

노골적으로 현금 거래를 요구하는 팻말을 버젓이 내걸어 놓고 있는 것은 팻말을 노골적으로 내걸어도 될 만큼 행정당국의 단속이 느슨하다는 것을 의미한다. 탈세가 일어나게 될 것이라는 사실을 알면서도 행정당국이나 소비자도 그 부당함을 굳이 막으려 하지 않는 것이다.

그 원인은 국세청의 잘못도 소비자의 잘못도 소득이나 매출을 축소하여 신고하는 사람의 잘못도 아니다. 소득파악률을 높이기 위한 정책을 개발하지 않고, 소득파악률을 높이기 위한 제도를 구축하지 않고 있는 정치인의 잘못이다. 법과 제도를 제대로 만들지 않은 정치인의 잘못이다.

이러한 의미에서 '올바른 정치라면 국민의 인성과 가치관을 탓하기에 앞서 법 관련 제도의 문제가 없는지부터 살펴야 한다'는 지적은 옳다(황인학, 256). 우리나라 정치가 헌법이 정하고 있는 납세 의무를 국민에게 제대로 부과하기 위해 법에 의거한 소득파악률을 높이기 위한 정책 개발과 정책추진을 하지 않고 있다. 국민 소득을 투명하게 밝히지 않고 덮어두고 있다.

물론 소득을 파악하는 것 자체가 별 의미가 없는 영세 사업자도 있다. 소득이 투명하게 파악되면 더 많은 세금을 내야 하는 것이 아니라, 정부 지원을 더 받아야 하는 사람들이 있을 수 있다.

그러나 정확하게 국민의 소득을 파악하는 것이 정부의 중요한 임무일 것이다. 정부의 지원이 필요한 사람을 제대로 파악하고 그 사람에게 필요한 지원을 하기 위해서라도 소득파악률을 높일 필요가 있다.

검은 지갑을 가능한 한 줄이고 유리 지갑을 늘린 다음, 소득이 적어 생활이 어려운 사람에게는 정부 보조, 정부 지원을 제공하는 방향이 옳은 방법이기 때문이다. 검은 지갑을 방치하는 것은 어떠한 이유로도 납득되기 어려운 일이기 때문이다.

소득파악률을 높이기 위한 정책개발과 정책추진을 하지 않는 것은 탈세를 방조하는 것이고, 사회보험료를 과소납부를 방조하는 것이다. 검은 지갑의 부담은 줄이고 투명 지갑의 부담을 늘리는 일이다.

국민건강보험의 경우, 지역가입자의 경우 소득파악률이 낮아 본인이 내야 하는 보험료보다 적게 내는 사람들이 있다. 그 부담은 투명한 유리 지갑에 돌아가게 된다.

건강보험료를 소득 기준 하나로 통일하자는 오래된 주장이 있다. 그 주장의 근거는 퇴직 후 소득이 크게 줄어들었는데 건강보험료는 줄어들지 않는 것, 그리고 자동차나 부동산 등에 건강보험료 부과기준을 적용하는 것 등이 불합리하기 때문이라는 것이다.

그러나 이 주장에 동의할 수 없는 것은 건강보험료를 소득 하나로 통일하게 되면 그것은 또 다른 불합리성을 야기할 수 있기 때문이다. 만약 소득파악률이 낮은 상태임에도 소득 기준 하나만으로

건강보험료를 걷게 되면, 지역가입자 가운데 자신의 실제 소득보다 적게 신고한 지역가입자는 실제 소득을 정확하게 신고한 지역가입자보다 더 적은 보험료를 내게 된다.

세금과 보험료를 누구나 공정하고 투명하게 납부하고 있지 않다. 실제 소득을 숨기고 과소 소득신고를 하고 있는 사람들의 탈세를 방치하고 있다. 그러나 그럼에도 불구하고 소득파악률을 높이고자 하지 않는다. 선거에서의 패배를 자초하는 일이기 때문이다.

포퓰리즘은 복지로 위장하고 있지만, 그 주목적은 선거에서의 승리이다. 선거에서의 승리를 위해 국민의 자립심을 무너뜨리고 국민의 납세의무를 방기하고 나라를 위기로 몰고 가는 것이다.

국가 '주요' 정책이 대선 공약에 의해서 개발되는 한, 나라발전을 위한 문제해결보다 당의 집권이 우선이다. 대선 공약은 선거승리용의 목적을 떠나 개발될 수 없다.

국가 '주요' 정책이 대선 공약에 의해서 개발되는 한, 정부 재정을 선거자금처럼 사용하여 국민의 지지를 높이려는 인기영합주의 정책개발을 막기 어려울 것이다. 그리고 소득파악률은 높아지지 않을 것이다.

포퓰리즘은 한번 시작되면 빠져나오기 힘든 악순환에 돌입하게 되고, 그 악순환의 최종 종착지는 국가 파산이다. 국가 재정의 지속 불가능성에서 출발한 포퓰리즘의 종착역은 국가 파산이다. 그러나 그럼에도 불구하고 우리나라에서는 포퓰리즘이 지속적으로 확대되고 있다.

II-4-2. 국민이 배제된 국가 '주요' 정책의 개발 과정

군사 정권 하에서 국민은 정권의 일방적인 정책 결정에 수동적이고 소시민적으로 따라야만 했다. 군사 정권에 대한 비판은 탄압받았기 때문이다. 독재를 넘어서 소위 민주화가 된 지 30년이 넘었지만, 그러나 정책은 여전히 정권에 의해서 일방적으로 결정되고 있다.

'민주화(民主化)' 개념에는 국민 정치참여의 확대가 들어있다. 정권의 강압적이고 일방적인 결정에 수동적으로 따르던 상태에서 정책 결정 과정에 적극적으로 참여하여 정책 결정에 적극적으로 의견을 개진할 수 있는 상태로의 전환이 민주화 개념에 포함되어 있다.

민주화 이후 정권을 비판하는 국민에 대한 탄압은 사라졌지만, 그러나 여전히 개발 중인 정책이 국민에게 공개되지 않고 추진 중인 정책에 대한 국민의 비판에 정권은 귀를 기울이지 않고 있다.

국가 '주요' 정책의 개발 과정에 국민이 참여할 수 없도록 가로막고 있는 것은 대선 공약의 개발조건인 대외비·비공개의 조건이다. 이 조건은 개발 중인 대선 공약이 대선공약단 바깥으로 흘러 나아가지 못하도록 하기 위한 것이다.

개발 중인 '좋은 공약'이 공개되면 상대방 선거캠프에서 바로 복사할 수도 있고 '문제 있는 공약'의 경우 상대방 선거캠프에서 비판을 준비할 수 있게 하는 것이기 때문이다.

대외비·비공개의 조건은 그러나 국민으로 하여금 국가 '주요' 정책의 개발 과정에 참여할 수 없게 만드는 조건, 국민을 정책개발 경로에서 배제하는 조건으로 작용하고 있다.

국민은 정책의 직접적인 수혜자이면서 동시에 직접적인 피해자이다. 잘 개발된 정책의 수혜자도 국민이고, 잘못된 정책의 피해자도 국민이다. 문제는 잘못 개발된 정책을 추진하기 위해 사용되는 예산과 행정력, 모두 국민이 낸 세금임에도 불구하고 정작 국민은 잘못된 정책이 개발되지 못하도록 막을 방법이 없다는 것이다. 그리고 잘못된 정책이 추진되지 못하도록 막을 방법이 없다는 것이다.

당장 눈앞의 지지율 확대를 위해 포퓰리즘과 같은 잘못된 정책을 개발하고 시행하게 되면, 그로 말미암은 국가 부채 상환의 부담은 국민의 몫으로 돌아오게 되지만, 그 포퓰리즘이 개발되고 추진되는 것을 막을 수 있는 방법을 국민은 갖고 있지 않은 것이다.

다양한 이해관계자의 입장이 조율되고 반영된 정책이 아니라 특정 이해관계자의 입장만이 반영된 잘못된 정책을 시행하면, 반영되지 않은 이해관계자에게는 많은 부담이 돌아오게 된다. 그럼에도 불구하고 그 이해관계자는 자신의 입장이 반영되지 않은 정책이 개발되고 추진되는 것을 막을 방법이 없다.

보수우파와 진보좌파 양극단의 이념편향 정책이 강화되면, 나라가 한 방향으로 나아가는 것이 아니라 좌에서 우로, 우에서 좌로 왕복만 하게 되고 국력만 낭비되지만, 국민은 이념편향의 잘못된 정책을 막을 방법이 없다.

대한민국 국민은 현재 정책개발 과정의 참여자(participator)가 아닌 것은 물론이고, 정책개발 과정의 관찰자(observer)도 아닌 것이다. 만약 국민이 '참여자'이거나 최소한 '관찰자'라면 정책이 개발되기 전에 국민의 의견이 '직접적으로' 개진될 수 있고 반영될 수 있을 것이고, 그렇게 되면 부실한 정책이나 인기영합주의 정책, 이념편향의 정책 등 잘못된 정책이 지금과 같이 쉽게 개발되지는 못할 것이다.

우리나라에서는 현재 대통령만이 정책개발의 권한을 갖고 있다. 대선공약단에 초빙된 대선 공약의 개발자들은 대통령 후보로부터 위임받은 권한에 따라 대선 공약을 개발할 뿐이다. 개발된 대선 공약들 가운데 대선 공약으로 확정할 수 있는 권한 역시 대통령 후보에게 있다.

그리고 대선 공약을 국정과제로 전환할 권한을 갖고 있는 것은 대통령 당선인이다. 대통령으로 당선되지 못한 대통령 후보의 대선 공약은 아무런 의미를 갖지 못하게 되지만, 대통령 당선인의 대선 공약은 바로 국가 '주요' 정책이 된다.

그런데 대선 공약 가운데에는 부실한 정책이나 인기영합주의 정책, 이념편향의 정책 등 잘못된 정책이 적지 않게 들어있다. 그러나 잘못된 대선 공약의 책임은 공약개발자에게도 대통령 당선인에게도 묻지 않는다. 잘못된 정책의 추진에 의해 발생한 폐해에 아무도 책임지지 않고 아무에게도 책임을 묻지 않는다.

아무도 책임지지 않는 잘못된 정책이 국가 '주요' 정책으로 개발 되고 있는 가장 큰 이유는 외부와 차단된 상태에서 소수의 공약개 발자들에 의해 대선 공약이 개발되고 있기 때문이다. 많은 정책전 문가들이 참여할 수 있고 더 많은 국민이 참여할 수 있는 공개된 조 건에서 개발되어야 하지만, 대선 공약은 대외비·비공개의 조건에 서 소수의 공약개발자들에 의해서 개발되고 있다.

하나의 완성도 높은 정책이 개발되기 위해서는 문제의 원인이 무 엇인지, 그 문제의 원인을 해소하기 위해 가장 바람직한 해법은 무 엇인지, 그리고 다양한 이해관계자의 입장은 무엇인지, 실효성이 없거나 재정 낭비가 심한 정책은 없는지 등에 대해 보다 투명하고 폭넓은 갑론을박(甲論乙駁)의 논의가 반드시 필요하고, 그 논의는 누구 나 참여할 수 있는 공개의 조건에서 이루어져야 할 것이다.

누구나 참여할 수 있고 누구나 자신의 의견을 개진할 수 있는 공 론장(public sphere)에서는 사각지대 없는 정책, 완성도 높은 정책이 개 발될 수 있을 것이기 때문이다. 그리고 다양한 이해관계자의 서로 다른 입장이 조율될 수 있을 것이기 때문이다.

독일에서는 2차 세계 대전 이후 지금까지 정치시민교육(politische Bildung)이 실시되고 있다. 다시는 나치와 같은 일이 독일에서 반복 되지 않도록 하기 위해서는 다른 사람의 생각을 쉽게 추종하지 않는 것, 집단적으로 부화뇌동하지 않는 것이 중요하다는 생각에 이르렀다.

그에 따라 정치시민교육의 목적은 누구나 각자 자신 고유의 판단과 신념에 따라 생각하고 행동하도록 하는 것이다. 누구의 생각에 따르거나 누구로부터 무엇을 배우는 것이 아니라, 자신 스스로 생각하는 힘, 자신의 고유한 생각을 갖도록 하는 것이고 자신의 고유의 생각에 따라 행동하도록 하는 것이다.

이러한 목적의 정치시민교육은 매년 적지 않은 예산을 투입하며 지금도 독일 전역에서 지속적으로 추진되고 있고 그 결과 독일인의 생활과 삶 곳곳에 깊이 침투되어 있다. 유치원에서부터 대학 교육까지, 지역 의회에서 TV 토론까지, 일상생활에서 정당 활동까지 독일인의 구체적인 삶 곳곳에서 정치시민교육의 흔적이 발견된다.

정책개발의 과정에서 독일 국민은 개발 중인 정책에 대해 열띤 토론을 벌이고, 자신의 의견을 정확하게 전달하고 있다. 대학생들은 자신이 지지하는 정당이 개발 중인 정책에 대해 토론하고 그 토론한 결과를 정당에 전달하기도 한다.

신문에서는 중요한 현안이 되어 있는 문제에 대한 깊이 있는 분석을 게재하고, TV에서는 서로 다른 입장을 가진 전문가들이 열띤 토론을 벌인다. 개발 중인 정책에 국민이 직·간접적으로 참여할 수 있는 통로가 만들어져 있고, 그 통로는 지금도 성공적으로 작동되고 있다.

예를 들어 독일 한 도시의 기차역을 어떻게 새롭게 바꿀 것인가에 대해 몇 년에 걸쳐 토론에 토론을 거듭하였다. 신문과 TV에서 다양한 의견이 개진되고, 라디오 방송에서는 그 도시 주민이 서로 각자 자신의 의견을 교환하였다. 주민마다 도시 기차역에 대한 설계도를 각자 하나씩 가지고 있는 것처럼 느껴질 정도였다.

물론 너무 많은 시간이 걸리고 너무 많은 의견이 난립하여 결정비용이 지나치게 많이 드는 것이 아닌가라는 의문이 들 수 있고, 몇몇 건축 전문가들이 결정하는 것이 더 바람직하다고 생각할 수도 있을 것이다. 그러나 시간과 비용 등을 이유로 소수가 짧은 기간 내에 결정한 것이 완성도 높은 해결책이 아니라면 그 결정이 과연 옳은 것인지 되물어 볼 필요가 있다.

이처럼 국민 모두가 자신 고유의 생각(eigene Meinung)을 키워나가도록 뒷받침하고 동시에 고유의 생각을 개진할 수 있는 다양한 기회를 만들어 놓고 있음에도 불구하고 독일의 학자들이나 언론 등은 독일이 과거에 비해 탈정치화(Entpolitisierung)되고 있다고 걱정하고 있다. 아마도 과거에 비교하면 그렇다는 것일 것이다. 그러나 다른 정치 선진국과 비교하여도 독일 국민 개개인은 각종 사회 문제에 대한 관심이 매우 높고 문제해결의 참여도는 역시 매우 높은 편이다. 그리고 그것은 정치시민교육의 성과임이 분명하다.

우리나라는 독일의 정치시민교육과 정반대 방향으로 나아가고 있다. 우리나라 국민은 정책개발 과정에 참여자가 아님은 물론이고, 관찰자도 아니다. 그리고 교육이 대학입시 위주의 주입식·암기식 일변도이고 독일과 같은 정치시민교육이 실시되지 않고 있어서 자신의 고유의 생각을 키워나가지 못하고 있다.

또한 다른 이유로는 우리나라 국민은 정책개발 경로에서 완전히 벗어나 있기 때문이기도 하다. 우리나라 국민은 각자 주요 문제에 대해 고민하고, 각자 문제의 해결방안을 갖고 있을 필요가 없다. 개발 중인 정책에 국민의 의견이 반영되지도 않고, 추진 중인 정책에는 더더욱 국민의 의견이 반영되지 않기 때문이다.

잘못된 정책의 추진에 의해 발생하게 되는 각종 부담은 고스란히 국민이 짊어져야 하지만, 국민은 어떠한 정책이 개발되고 있는지 전혀 알지 못하고 있다. 잘못된 정책의 추진에 의해 피해를 보면서 잘못된 정책의 틀에 갇혀있는 자신을 발견할 뿐이다.

우리나라 국민은 탈정치화되고 있다. 정치가 국민을 탈정치화시키고 있다. 그러나 많은 사람은 우리나라가 탈정치화되고 있다는 주장에 쉽게 동의하지 않으려 할 것이다. 탈정치화 되고 있는 것이 아니라 정반대로 우리나라 국민은 정치에 대해 매우 높은 관심을 갖고 있다고 반박할지도 모른다.

실제로 우리나라 국민은 매우 확고한 정치적 입장을 갖고 있고, 각 정치 사안에 대해 치열하게 논쟁을 벌이기도 한다. 그러나 우리나라에서 벌어지는 거의 대부분의 정치 논쟁은 자신이 지지하는 정당의 편에서 서서 자신이 지지하지 않는 정당을 비판하는 진영 논쟁이다. 보수우파와 진보좌파의 진영 논리에 따른 정파적 논쟁, 지역주의 논쟁의 범위에서 크게 벗어나 있지 않다.

자신이 지지하는 정당의 문제점에 대해서는 묵인하고, 자신이 지지하지 않는 정당의 문제점만을 지적하는 진영 논리에 충실한 정파적 논쟁일 뿐이다. 자신이 지지하는 정당이 잘하는 것은 크게 부각하고 잘못하는 것은 덮어두려고 하고, 자신이 지지하지 않는 정당이 잘못하는 것은 크게 부각하고, 잘하는 것은 덮어두려고 하는 논쟁에서 벗어나지 못하고 있다.

이러한 점에서 우리나라 국민의 정치에 대한 관심은 인지 불일치(cognitive dissonance)의 관심일 뿐이다. 어느 진영 논리에도 매몰되지 않은, 객관적이고 중립적인 자유 부동(free-floating)의 관심이 아니다. 자신이 믿고 있는 것만 보이고, 자신이 보고 싶은 것만 보는 관심일 뿐이다.

상대방 진영이 잘못하고 있는 것은 잘 보이지만, 자신이 속해 있는 진영이 잘못하고 있는 것은 보이지 않고, 거꾸로 상대방 진영이 잘하고 있는 것은 보이지 않지만, 자신이 속해 있는 진영이 잘하고 있는 것은 크게 보인다. 진영 논리에 따라 보고 싶은 것만 보고, 믿고 싶은 것만 믿고 있는 것이다.

민주화 이후 자신이 좋아하는 정당을 보다 자유롭게 지지할 수 있고, 자신이 지지하는 정당에 대한 정치적 의사 표현이 보다 자유로워진 것은 사실이다. 그러나 유감스럽게도 그러한 정치적 관심은 나라 전체의 발전과는 무관한 관심이고 나라 전체의 발전에는 도움이 되지 않는 관심이다.

나라를 어느 한쪽의 방향으로 치우치게 만드는 관심, 나라를 두

쪽으로 분열되도록 만드는 이념편향의 관심에 불과하다. 자신이 지지하는 정당을 막무가내로 지지하고 옹호하는 관심일 뿐이고, 자신이 반대하는 정당을 막무가내로 비판하고 공격하는 관심일 뿐이다. 그것은 각자 자기 성찰과 비판에 기초한 자신의 판단과 신념에 따른 관심이 아니라, 집단적인 부화뇌동(附和雷同)일 뿐이다.

정치에 대한 진정한 관심은 진영 논리에 충실한 관심이 아니다. 보수우파와 진보좌파의 어느 한 편에 서서 다른 편을 비판·공격하고 자신의 편을 지지·옹호하는 관심이 아니다. 정치에 대한 진정한 관심은 정치가 맡은 본연의 임무, 무엇보다도 정책을 통한 문제해결을 제대로 수행하고 있는지를 파악하고 그에 대해 객관적이고 중립적인 의견을 개진하는 내용의 관심이다.

'동질화될 수 없는 여러 의견이 풍부하게 허용'되어야 한다(박상훈, 35쪽). 그러나 정치 현실에서 이질화된 의견은 철저하게 배척하고, 동질화될 수 있는 의견만 허용하는 진영 논리가 그를 방해하고 있다. 곧 서로 다른 진영에서 제시된 여러 의견이 교환될 수 없도록 방해하고 있다.

진영 논리에 충실한 것은 나라를 분열시키는 정치에 대한 관심이고 정치참여일 뿐이다. 나라의 분열에 일조하는 것일 뿐이다. 나라를 두 방향으로 쪼개지게 만드는 것이고 나라를 두 나라로 만드는 것일 뿐이다. 어느 진영에도 속하지 않은 자유 부동하는, 객관적이고 중립적인 입장에서의 나라발전을 위한 진정한 정치참여가 아니다.

진영 논리가 강화되고 있는 이유 가운데 하나는 대외비·비공개의 조건이 이념편향의 양대 정당으로 하여금 이념편향의 고정지지층만을 결집시키기 위한 정책을 개발하기 쉽게 만들어주고 있기 때문이다. 만약 대외비·비공개의 조건이 아니라 공개의 조건에서 대선 공약이 개발된다면 지금과 같이 쉽게 고정지지층만을 위한 정책을 개발하기 어려울 것이다.

물론 개발 중인 정책이 공개된다고 하여 현재 존재하는 진영 논리가 바로 사라지지는 않을 것이다. 그러나 개발 중인 정책이 공개된다면 이념편향의 정책이 가진 문제점, 진영 논리에 따른 정책의 문제점이 국민과 언론에 공개될 것이고, 그렇게 되면 그 정책의 개발은 국민과 언론의 비판에 부딪혀 쉽지 않게 될 것이다.

II-4-3. 전문가가 배제된 국가 '주요' 정책의 개발

다른 나라에 비하여 우리나라는 훌륭한 정책연구기관들을 보유하고 있다. 국무총리실 산하 경제인문사회연구회 소속의 총 26개 정책연구기관이 있다. 그 이외에도 지방자치단체나 준정부기관이나 공기업에도 필요에 따라 정책연구기관들을 운영하고 있고, 광역자치단체에도 지방연구원이 있다.

이 정책연구기관에는 연구 인력도 충분한 편이고, 국정 운영에 필요한 거의 모든 분야, 문제해결이 필요한 모든 분야를 총망라한 연구를 수행하고 있다. 그리고 각 정책연구기관 소속 연구위원들은 자신이 담당하고 있는 분야에서 가장 뛰어나고 가장 많은 정책연구 경험과 정책연구·개발 역량을 보유하고 있다. 대선 공약단에 초빙된 공약개발자들의 정책개발 역량과는 비교가 되지 않는다.

그러나 정책연구기관의 연구위원들은 정치적 중립을 지켜야 하는 이유로 대선공약단에 참여할 수 없다. 그들의 정책연구보고서가 대선 공약에 반영될 것인지 아닌지의 여부는 공약개발자들이 그 정책연구보고서를 참고할지 참고하지 않을지의 여부에 달려있다.

정책연구·개발의 결과가 국가 '주요' 정책에 반영될 것이라는 보장이 없는 상태에서 정책연구·개발에 혼신의 힘을 다하기는 힘들 것이다. 특히 중장기 정책, 이념 중립적인 정책, 비인기 정책 등의 경우에는 더욱 그럴 것이다.

정책전문가들로 하여금 나라발전을 위한 정책을 개발하게 하는 것, 자신의 소신에 따라 완성도 높은 정책을 개발하는 데 매진하도록 하여야 한다. 정책의 추진 기간의 제약을 받지 않는 정책을 개발하도록 하는 일, 정당이 추구하는 이념과 무관한 정책을 개발하도록 하는 일은 나라발전을 위해 매우 중요한 일이기 때문이다.

정치발전의 필요성과
정책개발 경로의 전환

정치발전의 필요성과
정책개발 경로의 전환

민주화 이전에는 민주화만 되면 나라가 안고 있는 문제를 해결하기 위해 여야가 힘을 합쳐 완성도 높은 정책을 개발하기 위해 노력하게 될 것이라고 기대했을 것이다. 그 결과 각종 문제들이 순조롭게 해결되기 시작할 것이라고 기대했을 것이다.

그러나 완성도 높은 정책이 개발되는 것이 아니라 부실하고 이념 편향적이고 단기 정책만이 개발되고 있다. 그 결과 해결되어야 할 문제들이 해결되는 것이 아니라, 거꾸로 문제들이 해결되기 어렵게 꼬여가고 있다.

군사 정권의 장기집권이 민주화를 가로막고 있었고, 민주화의 우선적인 목표가 그 장벽을 넘어서는 것이었기 때문에 거리에서 군사 정권 타도의 구호를 외쳤던 것이다. 그러나 군사독재 정권이 물러가고 민간 사이의 정권 교체가 평화롭게 이루어지고 있지만, 우리나라의 문제들은 해결되지 못하고 있다.

앞서 언급하였듯이 그 이유는 평화로운 정권 교체의 과정에서 세 복병, '대선 공약', '이념편향의 양대 정당' 그리고 '대통령 임기 5년 단임제'이 등장하였기 때문이다. '대통령 임기 5년 단임제'의 복병은 5년이 넘는 국가 '주요' 정책은 개발조차 되지 못하도록 가로막고 있고, 그 결과 중장기 정책이 실종되었다.

또한 '이념편향의 양대 정당'의 복병이 등장하면서 현실에 기반한 문제해결이 아니라 보수우파와 진보좌파의 근본이념에 충실한 정책이 개발되고 추진되고 있고, 그 결과 다양한 이해관계자의 이해가 아니라 특정 이해관계자의 입장과 주장만이 반영되고 조율된 정책이 개발되고 있고 정권이 바뀌면 정책이 전혀 다른 이념에 따른 정책으로 바뀌고 있다.

'이념편향의 양대 정당', '대통령 임기 5년 단임제'의 두 복병보다 문제해결을 더욱 어렵게 만들고 있는 것은 '대선 공약'의 복병이다. 모든 국가 '주요' 정책은 대선 공약에 의해 결정되지만, 대선 공약은 부실하고 졸속으로 개발되고 있다. 그리고 '이념편향의 양대 정당'과 '대통령 임기 5년 단임제'의 복병이 대선 공약에 반영되면서 완성도 낮고, 이념 편향적이고, 5년 단위의 단기 정책만이 개발되고 있다.

앞으로도 계속 '대선 공약'에 의해 우리나라 모든 주요 정책이 결정된다면, 국가 '주요' 정책이 부실하게 개발될 것이고 그 결과 문제를 해결하지 못할 것이다. 보수우파와 진보좌파의 치열한 정쟁이 계속될 것이고, 5년 단위의 정책만이 개발될 것이고, 정권이 바뀌면 정책이 바뀌게 될 것이다.

또한 포퓰리즘이 점점 확산되어 나라의 빚은 점점 더 늘어나게 될 것이고, 국민의 정치참여의 벽은 여전히 높을 것이고, 나라는 부실한 국가 '주요' 정책을 추진하느라 국력을 낭비하게 될 것이다. 그리고 계속 실패한 대통령을 배출하게 될 것이다.

현재 우리나라의 보수우파 정당이나 진보좌파 정당은 모두 자신의 정당이 정권을 잡으면 다른 정당이 집권했을 때와는 달리 나라가 발전할 것이라고 주장하고 있지만, 모든 국가 '주요' 정책이 대선 공약에 의해 결정되는 정책개발 경로를 다른 정책개발 경로로 전환하지 않는 한, 우리나라의 정치발전을 기대하기는 어려울 것으로 보인다.

Ⅲ-1. 낮은 문제해결 능력과 문제의 축적

독일의 사회학자 위르겐 하버마스는 「후기 자본주의 정당성 연구」에서 국가 시스템의 유지에 필요한 것보다 더 적은 문제해결 능력을 갖고 있을 경우 국가는 위기에 처하게 될 것이라고 경고하고 있다. 현재 그의 경고는 우리나라에 정확하게 맞아 떨어지고 있다.

민주화 이후 출현한 세 복병 '대선 공약', '이념편향의 양대 정당',

'대통령 임기 5년 단임제'가 우리나라 정책개발 경로를 구성하고 있는 한, 그래서 문제해결에 계속 실패하게 되고, 그 결과 해결되지 않은 문제들이 계속 축적하게 된다면, 우리나라는 머지않은 미래에 하버마스가 경고하는 것과 같이 문제를 해결하고 싶어도 더 이상 해결할 수 없는 단계에 도달하게 될 것이다.

이미 10여 전부터 우리나라 대표적인 주력산업들, 전자, 선박, 자동차, 석유화학, 철강 등이 조금씩 세계 시장에서 경쟁력을 잃어가고 있다는 경고들이 시작되었고, 그 경고는 이제 현실로 조금씩 나타나고 있다. 포브스의 발표에 의하면 세계 2000개 기업에 속하던 한국 기업의 수가 2018년 67개에서 2019년 62개로 줄어들었다.

조금씩 부침(浮沈)이 있기는 하지만 세계 최대의 수주 실적을 자랑하던 조선업이 중국에 의해 추월당하기 시작하였다. 그리고 불과 몇 년 전까지만 해도 우리나라 자동차 모델을 복사하던 중국 자동차 회사가 보다 저렴한 가격에 크게 뒤떨어지지 않는 성능으로 우리나라 자동차와 경쟁하기 시작했다.

아직까지 반도체와 ICT 분야에서는 선전하고 있지만, 그렇게 머지않은 미래에 중국의 반도체 굴기(崛起)에 의해 추월당하게 될 것으로 예측되고 있다. 그 전망을 뒷받침하듯이 중국의 반도체가 세계 시장을 빠른 속도로 잠식해가고 있다.

중국의 급성장은 우리나라 국제 경쟁력을 크게 위협하기 시작했다. 여전히 상대적으로 저렴한 인건비와 그동안 축적된 기술력과 자본력 그리고 사회주의 계획 경제에 힘입어 중국은 매우 빠른 속도로 우리나라 '주요' 기간 사업들을 위협하고 있다. 1990년대 초반 경제 개방 이후 저임금의 경쟁력으로 고임금 국가의 제조업을 흡수하면서 중국은 세계의 굴뚝, 세계의 공장이 되었다.

그 과정에서 중국은 상당한 자본과 기술을 축적할 수 있었고 지금은 다양한 분야에서 세계 최첨단 기술을 개발 중이다. 이 자본과 기술력을 바탕으로, 그리고 우리나라의 약 43배에 달하는 영토, 전 세계에서 가장 많은 14억 인구의 잠재력을 갖고 있는 중국은 향후 타의 추종을 불허하는 경쟁력을 갖게 될 것으로 전망된다(정구현, 8).

중국은 정치적으로는 사회주의 체제를 유지하면서 경제적으로는 시장경제 체제를 도입하여 운영하고 있는 독특한 나라이다. 시장경제를 중심으로 하는 다른 나라들의 경우에는 각 기업들의 필요한 투자 분야를 결정하지만, 계획 경제와 시장경제가 독특하게 혼합된 사회주의 시장경제의 나라이다.

사회주의 중앙당에서 중국이 앞으로 투자하여야 할 분야를 선정하면 그동안 축적한 막대한 자본과 육성한 인력을 집중적으로 투자한다. 그리고 각 성(城)이 도달하여야 할 구체적인 목표를 하달하면 23개의 성에서는 일사불란(一絲不亂)하게 그 결정을 따른다. 그로부터 나오는 막강하고 강력한 추진력은 타의 추종을 불허한다.

반도체 분야의 기술개발과 인력개발을 위해 중국은 반도체 굴기를 내세우며 200조 원에 달하는 막대한 투자를 하고 있다. 이미 언론을 통해서 자주 접하고 있지만, 세계 스마트 폰 시장에서 중국 제품과의 경쟁이 시작되었고, 전기차용 배터리 시장과 TV OLED 패널 시장에서 우리나라 기업을 맹추격 중이다.

아직 기술력의 차이가 있다고 하는 메모리 반도체 분야에서도 낸드 플래시와 D램을 출시하기 시작하였다. 중국의 반도체 굴기(屈起)에 의해 우리나라 마지막 남은 주력산업인 반도체와 전자 산업마저 추월당하는 것은 시간문제일지도 모른다.

주력산업의 국제 경쟁력이 하락하게 되면, 주력산업에 소재·부품을 공급하던 국내 중소·중견기업들에 미치는 영향은 매우 크고 그 파급효과는 기하급수적이다. 당장 조선업이 위축되자 조선업 종사자들의 실업이 증가하게 되고, 실업자가 증가하면 그 지역 경제는 무너지게 되고, 실업급여 등 복지에 대한 수요는 증가하지만, 복지를 확대할 수 있는 재정은 줄어드는 상황에 부딪히게 된다.

저출산·고령화의 경우도 문제를 풀려고 하여도 문제를 풀 수 없는 위기 단계로 진입하고 있다. 2018년 합계 출산율은 0.98명으로 떨어졌고, 출생아 수 역시 약 32만7천 명으로 일 년 전보다 3만 명의 신생아가 줄어들었다. 1955년생부터 1963년생까지의 베이비부머(baby-boommer) 세대 총 약 7백 10만 명이 은퇴하기 시작하였고, 이들은 곧 65세의 노인층으로 돌입하게 될 것이다.

그에 따라 2018년 14.3%였던 65세 이상 노인 인구비율이 2030년에는 약 25%로 증가하게 될 것으로 전망되고 2018년 전체 인구의 70% 정도였던 생산가능인구는 2030년에는 64%로 떨어질 것으로 예상된다. 그에 반하여 노인부양비율은 2018년 약 19%에서

2030년에는 38.2%에 도달하게 될 것으로 예측된다.

저출산·고령화가 지금과 같은 속도로 진행된다면, 생산가능인구의 급격한 감소로 인한 국가 경쟁력 약화, 생산 감소로 인한 성장률 둔화 및 경기 침체, 전체 인구의 감소로 인한 국내 소비 감소 등으로 정부 재정 수입이 급속도로 감소할 것으로 예상된다.

또한 저출산·고령화가 지금과 같은 속도로 진행된다면, 국민건강보험과 국민연금에 심각한 타격이 발생하게 될 것이다. 보험료 납부자는 줄어들고 보험료 사용자는 늘어나게 되어 국민건강보험은 재정 적자, 국민연금은 적립금 고갈에 직면하게 될 것으로 예상된다. 그리고 재정 적자와 적립금 적자는 시간이 갈수록 점점 늘어나게 될 것으로 예상된다.

만약 재정 적자가 계속 증가하여 더 이상 두 제도를 운영할 수 없는 수준에 이르게 되면, 돈이 없어 질병 치료를 못 받는 시대로 되돌아가게 될 것이고 또한 노후 생활을 보장받지 못하는 시대로 되돌아가게 될 것이다.

저출산·고령화에 의해 더 큰 위협을 받고 있는 것은 국민연금보다 국민건강보험이다. 생산가능인구의 감소로 보험 수입은 줄어들고, 노인 인구의 증가로 보험 지출이 크게 증가하는 것은 국민연금이나 국민건강보험이나 마찬가지이다.

그러나 자신이 낸 보험료를 장기적으로 적립하는 장기보험 방식으로 운영되는 국민연금은 국민건강보험에 비해 저출산·고령화의 영향을 적게 받는다. 후세대 기여분이 포함되어 있어 저출산·고령화의 영향을 받기는 하지만 자신의 기여분이 후세대 기여분보다 더 크기 때문이다.

그러나 매년 예상되는 지출만큼 수입을 확보하여야 하는 양출제입(量出制入)의 단기보험인 국민건강보험은 생산인구의 감소와 노인인구의 증가에 의해 국민연금보다 더 큰 영향을 받는다. 저출산은 바로 보험료 수입의 감소를 의미하고, 고령화는 보험료 지출의 증가를 의미하기 때문이다.

현재 보험료 지출의 약 40%를 차지하고 있는 노인진료비의 비중은 2030년에는 약 65%에 육박하게 될 것으로 예측되고 있다. 노인인구가 급증하고 있는 것이 주된 원인이지만, 당뇨병이나 고혈압 등 만성질환 환자도 증가하고 있기 때문이기도 하다.

이미 저출산·고령화의 영향으로 국민건강보험의 재정은 2018년부터 적자를 기록했고, 그 적자 폭이 점점 커질 것이라고 예견되어 왔다. 최근 몇 년 동안의 평균 인상률인 1.32%로 인상한다고 가정하면 2025년에 건강보험 적자는 20조1천억 원에 이르게 되고, 만약 인상률을 올려 매년 3.2%의 인상률로 인상하게 되면, 2025년에 건강보험 적자는 5조9천억 원에 이르게 될 것으로 추계되고 있다.

저출산·고령화로 말미암은 이러한 변화는 국민건강보험제도의 미래를 매우 어둡게 만들고 있다. 이 변화에 제대로 대비하지 않으면 전국민건강보장(Universal Health Coverage)의 국민건강보험제도는 붕괴되지 않을 수 없다는 전망이 대두되고 있다.

우리나라 국민건강보험과 국민연금 등 사회보장제도는 저출산·고령화의 문제가 발생할 것이라고는 전혀 예상조차 하지 못했던 시기에 설계되었다. 그리고 저출산·고령화가 지금과 같이 급속하게 진행되기 전까지 국민건강보험과 국민연금은 사회보장제도로서의 역할을 훌륭하게 담당하여 온 것은 사실이다.

그러나 이 두 사회보장제도는 이제 저출산·고령화의 충격에 대비하기 위해 재설계되어야 한다. 향후 진행될 노인 인구 부양비율에 따라 예상되는 수입과 지출을 계산하고 그 계산에 따라 현재의 제도를 바꾸어야 한다. 하지만 이에 대한 논의조차 활성화되지 않고 있다.

위기란 문제를 해결하고 있지 못할 경우에 발생한다. 국가 시스템 유지에 필요한 것보다 더 적은 문제해결 능력을 갖고 있을 때 위기는 발생한다. 그리고 위기를 방치하고 있으면 문제를 해결하고 싶어도 더 이상 문제를 해결할 수 없는 단계에 돌입하게 된다.

그 단계에 돌입하지 않으려면 우리나라에서 문제가 해결되지 않고 있는 원인을 찾아 그 원인을 제거하여야 한다. 우리나라 정치의 문제해결 능력이 낮은 원인을 진단(diagnosis)하고 그 진단에 따라 문제해결 능력을 높이기 위한 처방(therapy)을 찾아 그 처방을 제시하여야 한다.

Ⅲ-2. 문제해결의 중심; 정치

독일의 사회학자 막스 베버는 국가를 권력의 독점체로 정의하고 있다. 「리바이어던」의 저자 토마스 홉스는 국가보다 더 큰 권력을 가지고 있는 조직은 있을 수 없다고 했다.

국가는 한편으로는 서로 더 많은 이익을 취하려는 이해관계자의 대립, 만인에 의한 만인의 투쟁장을 중재하여야 하고, 다른 한편으로는 국민 대다수에게 어려움을 주고 있는 문제를 해결하고 공공선을 확대하여야 한다. 그를 위해서 국가는 가장 강력한 권력을 가지고 있어야 한다.

우리나라에서는 그러나 국가가 이해관계자의 대립을 중재하려 하지 않고, 국가의 권력이 공공선을 확대하기 위해 사용되고 있지 않다. 정반대로 이해관계자의 대립을 조장하기 위해 권력이 사용되고 있거나, 나라 전체의 공공의 목적이 아니라 특정 이념을 실현하는데 권력이 사용되고 있다.

우리나라 양대 정당은 나라 전체의 발전을 위한 정치, 이해관계자의 대립을 중재하기 위한 정치를 하고 있는 것이 아니라, 보수우파와 진보좌파의 근본이념을 위한 정치, 보수우파와 진보좌파의 고정지지층을 위한 정치를 하고 있다.

'다른 사람의 저항에도 불구하고 자신의 의지를 관철시킬 수 있는 능력', 막스 베버의 권력에 대한 정의이다. 간결하지만 정확한 정의이다. 저항하는 사람은 보편의지와 선한 의지를 지키기 위해 저항하거나 또는 특수의지와 악한 의지를 지키기 위해 저항할 것이다. 그리고 저항에도 불구하고 권력을 관철시킨다면 그것은 보편의지와 선한 의지를 실현시키기 위한 것이거나 또는 특수의지와 악한 의지를 실현시키기 위한 것이다.

권력이 보편의지, 선한 의지를 관철시키려는데 그에 저항하는 의지가 있다면 그 의지는 특수의지와 악한 의지이다. 특수의지와 악한 의지의 저항에도 불구하고 권력은 자신의 의지를 관철시켜야 한다. 이 저항은 보편의지와 선한 의지를 위한 저항이 아니라 특수의지와 악한 의지를 위한 저항이기 때문이다.

그러나 권력이 특수의지, 악한 의지를 관철시키려 하는데, 그에 저항하는 의지가 있다면 그 의지는 보편의지와 선한 의지이다. 보편의지와 선한 의지의 저항에도 불구하고 권력이 특수의지와 악한 의지를 관철시키려 한다면, 이 권력에 저항하여야 한다. 이 저항은 특수의지와 악한 의지를 관철시키려는 권력으로부터 보편의지와 선한 의지를 지키기 위한 저항이기 때문이다.

우리나라는 현재 부실한 국정과제, 이념 편향적인 국정과제, 인기영합주의 정책을 실현시키기 위해서 권력이 사용되고 있다. 이는 특수의지와 악한 의지의 실현을 위한 권력사용이다. 이를 자유 민주주의 권력이라고 할 수 있을지 의문이 크다.

우리나라 정치인들은 전체 국민을 위해 정치하지 않는다. 정치인들은 '국민을 위해 정치를 한다', '오로지 국민만 바라보고 정치를 한다'고 말하곤 하지만, 우리나라 정치인이 바라보고 있는 '국민'은 전체 국민이 아니다. 보수우파에게는 보수우파의 지지층이 국민이고 진보좌파에게는 진보좌파의 지지층이 국민이다. 양보수우파가 '국민'은 보수우파의 지지층이고 진보좌파의 '국민'은 진보좌파의 지지층이다.

이념편향의 양대 정당의 정치인은 일단 고정지지층의 지지를 우선적으로 확보하고 난 다음 중도층·유동층(swing voter)의 지지를 얻으려는 선거 전략에 따라 움직인다. 우선 집토끼 단속을 잘 한 다음, 확장성이라는 그물을 던져 산토끼를 잡으려는 한다. 보수우파와 진보좌파 모두 중도층·유동층을 어떻게 해서든 자신들의 '지지층'에 포함시키려 노력한다.

이러한 일들은 모두 민주화 이후 등장한 세 복병이 형성한 우리나라 특유의 정책개발 경로에 의해 발생한 것이다. 고정지지층만 바라보고 하는 정치, 부실한 정책을 개발하는 정치, 부실한 국정과제를 추진하다가 실패한 대통령이 되는 정치 등의 원인은 모두 세복병으로 말미암은 것이다.

그러나 진정한 의미의 정치는 고정지지층만을 위한 정치가 아니라 전 국민을 위한 정치이어야 한다. 보수우파와 진보좌파로 국민을 양분하지 않는 정치이고, 전체 국민을 위한 정치 미래 세대를 위한 정치이어야 한다.

부실한 정책을 개발하는 정치가 아니라 완성도 높은 정책을 개발하는 정치가 진정한 의미의 정치이다. 성과도 없는 정책의 추진을 위해 국력을 낭비하지 않을 수 있는 정치이고 추진하는 정책마다 문제해결에 성공하는 정치이다.

막스 베버는 정치인의 사명을 '널빤지를 뚫는 일'이라고 했다. 우리나라에서 '널빤지를 뚫는 일'은 바로 세 복병에 의해 우리나라 국가 '주요' 정책이 결정되지 않도록 하는 일이다.

세 복병에 의해 대선 공약이 개발되는 한, 시간적으로 급박할 뿐만 아니라 소수의 전문가에게만 의존하여 국가 '주요' 정책이 개발된다. 그리고 중장기적인 해결이 필요한 문제들의 해결은 시도조차 하지 못하고 있고, 고정지지층의 확보를 위해 이념편향, 진영편향의 정책이 개발되고, 선거에서의 승리를 위해 포퓰리즘 정책 등이 개발된다.

Ⅲ-3. 정치인의 자질과 정책개발 경로

나라가 안고 있는 문제들의 해결은 정치를 통해서만 가능하다. 정치만이 문제를 해결할 수 있는 권한, 곧 정책개발의 권한과 정책추진의 권한을 갖고 있기 때문이다.

정치가 문제해결의 권한을 제대로 사용하고 있는가, 그렇지 않은가를 판가름할 수 있는 척도는 '정치인의 자질'과 '정책개발 경로'의 두 변수이다. 각 변수가 어떠한 상태이고, 두 변수가 서로 어떻게 결합하고 있는가에 따라 각 나라의 정치의 역할은 구분된다.

정치인은 크게 소의(少義)를 위해 정치하는 낮은 자질의 정치인과 대의(大義)를 위해 정치하는 높은 자질의 정치인으로 구분할 수 있다. 정치인의 특권과 권한을 공공(公共)의 목적에 사용하기 위해 정치하는 정치인은 높은 자질의 정치인으로, 그리고 그 특권과 권한을 사사(私事)로운 목적에 사용하기 위해 정치하는 정치인은 낮은 자질의 정치인으로 구분된다.

'정책개발 경로'는 국가 '주요' 정책이 개발을 담당하는 조직과 정책개발의 조건과 과정 등이다. 어떠한 조직이 국가 '주요' 정책의 개발을 담당하고 있는지, 어떠한 조건에서 국가 '주요' 정책이 개발되고, 어떠한 과정을 밟아 국가 '주요' 정책이 개발되는지 등이 포함되어 있다.

어느 조직에서 정책개발을 담당하고 있는지, 정책개발에 참여하는 사람은 누구인지, 정책개발은 공개적으로 이루어지고 있는지, 정책개발에 어떠한 변수들이 영향을 미치는지 그리고 개발된 정책이 어떠한 과정을 거쳐 정책으로 승인되는지 등 정책이 개발되고 정책을 승인되기까지의 전 과정이 정책개발 경로이다.

정책개발은 '정치인의 자질'과 '정책개발 경로'의 두 가지의 변수의 조합에 의해 결정된다. 정치인 가운데에는 정치인으로서의 능력과 자격을 충분히 갖춘 정치인이 있는가 하면, 그렇지 못한 정치인이 있다. 그리고 정책개발 경로 가운데에는 문제해결 능력이 높은 정책개발 경로가 있는가 하면, 그렇지 못한 정책개발 경로가 있다.

그리고 높은 자질의 정치인이 많고 낮은 자질의 정치인이 적은 나라가 있는가 하면, 낮은 자질의 정치인이 많고 높은 자질의 정치인이 적은 나라가 있다. 그리고 문제해결 능력이 높은 정책개발 경로를 갖춘 나라가 있는가 하면, 문제해결 능력이 낮은 정책개발 경로를 갖춘 나라가 있다.

정치인이 높은 자질을 갖고 있는가, 아니면 낮은 자질을 갖고 있는가, 그리고 정책개발 경로가 순기능을 하고 있는가, 아니면 역기능을 하고 있는가에 따라 2×2 조합이 만들어진다.

높은 자질의 정치인(가)	순기능의 정책개발 경로(다)
낮은 자질의 정치인(나)	역기능의 정책개발 경로(라)

'높은 자질의 정치인'과 '순기능의 정책개발 경로'가 조합되어 있는 나라는 문제해결을 위한 정책개발의 필요·충분 조건이 갖추어져 있는 나라이고, 태평성대를 구가하는 나라이다.

그러나 정반대의 조합, 곧 '낮은 자질의 정치인'과 '역기능의 정책개발 경로'이 조합되어 있는 나라는, 문제해결을 위한 정책개발이 일어날 필요조건조차 갖추어져 있지 않은 나라이고, 도탄과 혼란에 빠져있는 나라이다.

이 두 조합을 제외한 나머지 두 조합은 '낮은 자질의 정치인'과 '순기능의 정책개발 경로'의 조합과 '높은 자질의 정치인'과 '역기능의 정책개발경로'의 조합이다. 이 두 조합은 현실 정치에서 거의 찾아볼 수 없는 조합이다.

그 이유는 대의를 위한 열의가 없는 '낮은 자질의 정치인'은 아무리 '순기능의 정책개발 경로'가 구축되어 있다고 하더라도 이 경로를 이용하여 문제해결 능력이 높은 정책을 개발하려 하지 않을 것이기 때문이다. 따라서 현실 정치에서 이 조합을 발견하기는 어려울 것이다.

그리고 '높은 자질의 정치인'과 '역기능의 정책개발경로'의 조합을 현실 정치에서 찾기 어려운 이유는 '높은 자질의 정치인'이 대의를 위한 정치를 방해하는 '역기능의 정책개발 경로'를 계속 방치하지는 않을 것이기 때문이다. 곧 '역기능의 정책개발 경로'를 '순기능의 정책개발 경로'로 전환할 것이기 때문이다. 따라서 이 조합도 현실 정치에서 찾아보기 어려울 것이다.

과거 우리나라에는 낮은 자질의 정치인이 많았지만, 점점 더 높은 자질의 정치인이 늘어나고 있기는 하다. 그러나 그 높은 자질의 정치인들이 대의를 위한 정치, 공공의 목적을 위한 정치를 하고 싶어도, '역기능의 정책개발 경로'가 그 대의를 위한 정치, 공공의 목적을 위한 정치를 할 수 없게 만들고 있다.

이 정책개발 경로에는 이미 정책 실패가 배태(embedded)되어 있다. 부실한 대선 공약은 부실한 국정과제를 낳고, 부실한 국정과제의 추진은 정책 실패를 초래하고 있고, 5년 동안 국정과제의 추진에 거의 모든 국력을 쏟아붓고 있음에도 불구하고, 제대로 해결된 문제가 거의 없다.

막스 베버는 '정치란 열정과 균형감각 둘 다를 가지고 단단한 널빤지를 강하게 그리고 서서히 뚫는 작업이다'라고 했다. 그가 말하는 '널빤지'는 우리나라의 경우에는 '정책개발 경로'가 될 것이다.

우리나라 특유의 '대선 공약의 정책개발 경로'가 부실한 국가 '주요' 정책을 개발하도록 하고 있을 뿐만 아니라, 이념으로 나라를 양분하는 정치, 중장기 정책이 실종된 정치, 정쟁에서 헤어 나오지 못하는 정치, 정권 재창출에 급급한 정치, 인기영합주의 정치 등의 원인이다.

그 '정책개발 경로'가 다른 '정책개발 경로'로 전환되지 않는 한, 우리나라의 민주화는 군사 정권에서 민간 정권으로 이양에 머무는 초기 단계의 민주화에서 한 걸음도 더 나아가지 못할 것이다.

나라발전을 위한 정치, 미래 세대를 위한 정치, 국민을 위한 정치, 대의를 위한 정치, 문제해결을 위한 정치 등으로의 전환이 일어나기 위해서는 널빤지를 뚫어야 한다. 널빤지를 뚫으려는 열정과 균형감각을 가진 정치적 노력과 시도가 절실하게 필요하다.

새로운 정책개발 경로

새로운 정책개발 경로

역설적이게도 민주화 이후 우리나라의 정치발전은 평화로운 정권교체에 멈추어 서 있다. 그 가장 중요한 원인은 이미 몇 차례 언급한 바 있듯이 민주화 과정에서 등장한 세 복병이 우리나라 '정책개발 경로'를 구성하고 있기 때문이다.

부실하게, 선거승리용의 목적에 따라, 외부의 참여와 비판이 차단된 조건에서 개발된 대선 공약에 의해 모든 국가 '주요' 정책이 결정되고 있다. 현실보다는 보수우파의 근본이념과 진보좌파의 근본이념에 충실한 이념 편향적 대선 공약이 우리나라 국가 '주요' 정책을 결정하고 있다. 그리고 국가 '주요' 문제를 해결하기에는 부족한 5년의 단기 정책 위주의 대선 공약이 개발되고 있다.

이렇게 개발된 국정과제는 언제나 야당과 야당 진영의 집요한 비판과 공격의 대상이다. 비판과 공격이 거세어지면 질수록 점차 집권 여당에 대한 국민의 이반이 일어나면서 집권 2~3년 차가 되면 거의 예외 없이 대통령의 국정 지지도는 점차 떨어지게 된다. 그리고 임기 말 대통령은 거의 예외 없이 레임덕(lame-duck)을 맞이하고 있다.

이러한 일이 반복되지 않으려면 현재 역기능의 '정책개발 경로'가 향후 순기능의 '정책개발 경로'로 전환되어야 한다. 대선 공약의 정책개발 경로가 아닌 새로운 '정책개발 경로'에서는 대통령이 새로 임명될 때마다 모든 국가 '주요' 정책이 바뀌지 않게 될 것이고, 다수의 정책전문가가 참여하여 완성도 높은 정책이 상시적으로 개발될 것이다.

대외비·비공개의 조건에서 그리고 선거승리용의 목적에 따라 대선 공약이 개발되지 않게 됨으로써 포퓰리즘 공약이 개발되지 않게 될 것이고, 그리고 대통령 임기의 제약을 받지 않을 수 있게 됨으로써 중장기 정책의 개발이 가능해질 것이다. 또한 보수우파와 진보좌파 양대 정당의 근본이념이 국가 '주요' 정책에 반영되지 않을 것이고, 고정지지층이 아니라 전 국민을 위한 국가 '주요' 정책이 개발될 것이다.

대선공약단의 '정책개발 경로'가 아닌 새로운 '정책개발 경로'에서 우리나라 '주요' 정책이 개발되는 것, 그로부터 우리나라 정치발전이 새롭게 시작될 것이다. 민주화의 진정한 목적을 위한 진전은 그로부터 시작될 것이다.

Ⅳ-1. 제왕적 대통령제로부터 탈피

우리나라 모든 국가 '주요' 정책은 대통령 한 명이 결정하고 추진하고 있다. 대통령 후보의 이름으로 개발된 대선 공약이, 대통령 후보가 대통령으로 당선되면 우리나라 국가 '주요' 정책, 국정 과제가 되고 있다.

대통령은 행정부의 수장으로서 국정과제가 성실하게 추진되고 있는지, 각종 현안에 행정부가 제대로 대응하고 있는지 등을 총체적으로 주관한다. 각 행정부의 장관은 대통령을 보좌하여 국정과제를 성실히 이행하고 행정부 소관 현안이 발생하면 그에 대응하는 역할을 맡고 있다.

우리나라 대통령의 권한은 그에 그치지 않는다. 여당 국회의원들은 국회의 행정부 견제 기능을 잊어버린 듯, 일방적으로 국정과제를 지원하는 것을 넘어 대통령을 보좌하고 있다. 사법부 역시 사법부의 주요 요직의 인사권을 가지고 있는 대통령의 통제로부터 자유롭지 못하다.

대통령은 행정부의 수장이므로 행정부 전체를 지배하는 것은 당연하다고 할 수 있지만, 삼권 분립의 원칙이 무색하게 입법부와 사법부까지 대통령의 지배력이 미치고 있다. 지나치다고 하지 않을 수 없다(함성득, 234-245쪽).

거의 봉건시대의 왕과 같은 권위와 권한을 갖고 있고, 야당과 야당 진영을 제외하면 대통령을 견제하거나 비판하지 않는다. 그것은 아마도 대통령의 지지율이 높아야 여당 지지율이 높아지고 여당 지지율이 높아야 정권 재창출에 유리하기 때문일 것이다.

대통령에게 힘을 모아 주어야 한다는 논리가 마치 불문율처럼 장관과 여당 국회의원, 청와대로 하여금 대통령의 결정을 비판하거나 이의를 제기하지 못하게 만들고 있다. 집권 여당 내에 일종의 집합적 힘, 다수의 힘이 제왕적 대통령제를 떠받들고 있다.

이 힘을 무시하게 되면 그에 상응하는 제재, 곧 여당과 여당 진영 내에서 따돌림을 당하는 것은 물론 다른 일도 추진하기 어렵게 된다. 그에 따라 여당의 인사 가운데 정권을 견제하려고 하는 사람은 찾아볼 수 없다.

우리나라에서 대통령이 되면, 대통령이 되기 전, 본인이 다른 사람들과 크게 다르지 않은 사람이었다는 사실을 잊어버리게 되는 것 같다. 자신을 둘러싸고 있는 사람들로부터 언제나 칭송과 의전을 받고 있다 보면, 자신도 모르는 사이에 절대 무오류의 착각, 전지전능(全知全能)의 착각에 빠지고 마는 것 같다.

자신의 말 한마디에 의해 나라의 모든 일이 일사불란하게 진행되는 것을 보면서, 자신의 말에 비판적으로 문제 제기하는 사람이 아무도 없게 되면서 그리고 자신을 깍듯이 모시는 사람들로 둘러싸여 있게 되면서, 그리고 외국 순방 시 화려한 규모의 의전을 받으면서, 자신이 보통사람과는 다른 특별한 능력을 가진 사람이라고 착각하게 되는 것처럼 보인다.

마치 절대자(絶對者)처럼 자신을 대하는 주변 사람들에 의해 스스로

자기 자신을 전지전능한 사람(almighty)으로 착각하게 되고, 자신 스스로가 최고지(最高知), 최고선(最高善)인 것으로 착각하게 되는 것 같다.

바로 그 착각으로부터 오류가 시작된다. 그런데 그 오류는 한 개인의 오류에서 그치지 않는다. 그 오류는 국정 운영의 오류이고, 나라가 퇴보하고, 많은 국민이 피해를 보게 되는 그러한 오류이다.

이러한 맥락에서 「자유론」에서 존 스튜어트 밀은 정치지도자는 절대 무오류(infallibility)의 착각, 곧 자신은 절대로 오류는 범하지 않는다는 착각으로부터 벗어나야 한다고 경고하고 있다(밀, 7).

대통령으로 하여금 '나는 절대로 오류를 범하지 않는다'는 착각에 빠지게 만드는 사람들은 대통령의 참모들이다. 그들은 대통령이 반드시 들어야 하는 비판도 대통령에게 전달되지 않도록 차단하고, 대통령이 올바른 결정을 내리지 않았을지라도 그 결정을 옳은 결정으로 착각하게 만든다.

대통령 스스로도 깍듯한 의전과 칭송을 반복적으로 받다 보면, 외부의 고언(苦言)이 점점 더 듣기 싫어지게 될 것이다. 쓴소리를 하는 다른 진영 사람들의 말을 귀담아듣기보다는 참모들의 감언이설(甘言利說)을 더 듣고 싶어 하는 것이 인지상정(人之常情)일 것이기 때문이다.

참모진들은 감언이설에만 대통령의 귀를 열리게 하고 직언·충언·고언에는 귀를 닫게 만든다. 그리고 대통령 스스로도 감언이설에만 귀를 열고 직언·충언·고언에는 귀를 닫는다. 꼭 잘 새겨듣고 국정 운영에 참작해야만 하는 비판임에도 대통령 최측근의 참모들은 대통령으로 하여금 그 비판을 피하게 만든다. 그리고 대통령 스스로도 비판에는 일단 귀를 닫는다.

고언을 하는 이들은 자신과 이념을 달리하는 야당 국회의원들이나 언론, 야당의 고정지지층과 같은 부류의 사람들이라고 치부하면서, 그 사람들로부터는 어차피 칭찬을 기대도 하지 않았다고 대응하는 것인지 모른다.

바람직한 통치체제는 한 사람의 통치자가 모든 의사결정 권한을 갖고 있는 제왕적 의사결정 구조가 아니라, 전문가 다수의 토론을 통하여 나라가 나아가야 할 방향을 결정하는 민주적 의사결정 구조에 따른 통치체제이다. 최고 통치자 일인의 결정에 따라야 하는 통치체제가 아니라 다수의 의견이 수렴되고 반영되는 통치체제이다.

개인의 자유를 침해하는, 지배자의 자의에 의한 통치를 견제하기 위해 필요한 것은 공화주의, 곧 권력의 분산, 다수에 의한 결정이다 (조승래, 43). 공화주의는 심의 기구, 결정 기구, 집행 기구가 각각 분권에 의한 견제와 균형이 가능할 수 있도록 분리되어야 할 필요성을 강조한다.

그러나 우리나라 정치적 의사결정은 민주적 의사결정이 아니다. 견제와 균형이 가능한 의사결정 구조가 아니라 제왕적 의사결정 구조이다. 중요한 사안에 대해 국내 최고의 전문가들의 토론을 거쳐 방향을 결정하는 것이 아니라, 참모들의 보고를 받고 그 보고를 승인하는 방식으로 결정된다. 권력의 분산에 의한 의사결정 다수의 참여에 의한 의사결정을 추구하는 공화주의와는 거리가 먼, 제왕적 의사결정 구조인 것이다.

심의 기구, 결정 기구, 집행 기구가 대통령 한 개인에게 모두 집중되어 있다. 한 명의 대통령, 한 명의 최고 결정자에 의해서 국가 운영을 위한 모든 의사결정이 이루어지고 있다.

국가 '주요' 현안이 발생하면 담당 행정부 공무원이 청와대 수석실에 보고하고 그 내용에 대한 검토를 거쳐 대통령에게 보고하면 대통령이 최종적인 결정을 내리는 방식이다.

열린 의사결정 구조 곧 아래로부터의(bottom up) 의견 수렴을 통한 의사결정 방식이 아니라, 닫힌 의사결정 구조 곧 위로부터의(top down) 일방적인 의사결정 방식인 것이다.

현재 우리나라 대통령의 권한은 왕조시대 임금의 그것보다 더 강력한 것으로 보인다. 토호세력이 왕의 권위를 위협하던 고려 시대는 물론이고, 나름대로 왕권을 확립하였던 조선 시대에도 왕에게 직언(直言)이나 충언(忠言)하는 신하들이 있었다.

가장 대표적인 인물은 류성룡이다. 만약 그가 없었다면 선조의 잘못된 결정을 바로잡을 수 없었을 것이고, 그랬다면 임진왜란이 어떻게 끝나게 되었을지 상상하기도 싫을 정도이다(송복, 406). 류성룡이 그 역할을 계속할 수 있었던 것은 선조에게 충언과 직언, 고언을 마다하지 않았던 류성룡을 선조가 멀리하거나 쉽게 내치지 않았기 때문이다.

그러나 과연 지금 우리나라의 대통령 가운데 대통령의 잘못된 결정으로 나라가 잘못된 방향으로 나아가고 있다는 것을 대통령에게 전하는 측근이 있는지, 그리고 그 측근을 내치지 않는 대통령이 있는지 의문이 든다.

더더욱 과거 전제적 군주 시대와는 비교가 되지 않을 정도로, 이렇게 복잡하고 다양하게 분화된 세상에 전제적 정치지배자에 의한 통치는 맞지 않는다. 맞지 않을 뿐 아니라 불가능하다.

현대 사회와 같이 빠르게 변화하는 사회에서, 그리고 빠르게 분화되고 있는 복잡한 사회에서 대통령 개인의 판단능력에 모든 국가 운영을 대통령 한 개인에게 전적으로 책임을 맡기는 것은 한편으로 지나친 일이기도 하고, 다른 한편으로 위험한 일이기도 하다.

분화와 복잡성이 특징인 현대 사회는 한 분야만을 평생 연구한 사람들도 각각 그 분야를 다 안다고 할 수 없고, 한 분야에서 평생 근무한 사람도 그 분야에 대해 다 경험하였다고 할 수 없다. 그런데 이렇게 복잡하고 분화된 사회를 대통령 한 사람이 모두 결정하고 집행하게 하고 있다.

대통령 선거에서 상대방 후보보다 더 많은 득표를 하였다고 하여, 모든 국가 '주요' 정책을 혼자 결정하고 모든 국가 '주요' 사안을 혼자 결정하고, 입법부와 사법부까지 장악하는 것은 여러모로 지나치다. 지나치게 너무 많은 권한이 대통령에게 집중되어 있는 것이다.

그러한 대통령을 청와대와 측근들이 마치 '왕'처럼 받들고 있다. 대통령의 결정에 따라 모든 국정 운영이 아무 문제 없이 잘 되고 있다는 것만을 대통령에게 보고한다. 그리고 국정 운영에 대한 외부의 지적이나 비판은 귀담아들을 가치가 없는 것으로 대통령에게 보고되고 있다.

제왕적 권위에 대통령이 취해 있는 것은 이러한 이유 때문이다. 그래서 미처 제왕적 권위가 어떠한 문제를 만들고 있는지 전혀 모르고 있을 것이다. 그러나 그것은 대통령 개인으로 하여금 오류를 범하게 만드는 일이고, 대통령을 실패한 대통령으로 만드는 일이다. 벌거벗은 임금님으로 만드는 일이다.

대통령 스스로 책임질 수 있는 범위 내에서 국정 운영을 하도록 하여야 한다. 그렇게 하기 위해서는 모든 국가 '주요' 정책을 대통령 후보 한 사람의 책임 하에 개발할 것이 아니라, 대통령 후보가 나라 발전에 가장 중요하다고 생각하는 몇몇 주요 정책만을 공약으로 개발하도록 하는 것이 바람직할 것이다.

IV-2. 대선공약단에서 국회와 행정부 중심으로

각 나라마다 국가 '주요' 정책을 결정하는 경로가 다르다. 나라마다 그 나라만의 독특한 '정책개발 경로'가 있다. 정책개발을 어느 조직이 담당하고 있는가, 개발 중인 정책이 정책전문가와 국민에게 공개되는가, 정책개발이 상시적으로 이루어지고 있는지 등은 나라마다 다르다.

어느 나라의 정책개발 경로가 가장 완성도 높고 가장 문제해결 능력이 높은 정책을 개발할 수 있는 정책개발 경로인지 등에 대한 경험적 연구가 필요하고, 동시에 어떠한 정책개발 경로가 가장 완성도 높고 가장 문제해결 능력이 높은 정책을 개발할 수 있는 정책개발 경로인지 등에 대한 이론적 연구가 필요하다.

우리나라의 '정책개발 경로'는 대선 공약이다. 모든 국가 '주요' 정책이 대선 공약의 경로를 통해서 개발되고 있다. 그러나 이미 여러 차례 언급한 바와 같이 국가 '주요' 정책이 되기에는 대선 공약의 개발 과정이나 개발조건이 너무 부실하다.

두세 달의 기간에 소수의 공약개발자들에 의해 모든 국가 '주요' 정책이 개발되고 있고, 그것도 정책개발 능력이 제대로 검증되지도 않은 공약개발자들에 의해 국가 '주요' 정책이 개발되고 있다.

대선 공약은 대외비·비공개의 조건에서 개발되고 선거승리용의 목적에 따라 개발된다. 국가 '주요' 정책이 선거승리용의 목적에 따라 개발되고 있는 것은 이미 심각한 문제이다. 그에 더하여 대외비·비공개의 조건이 그에 결합하여 망국병인 포퓰리즘이 점점 확대되고 있는 것은 보통 심각한 문제가 아니다.

그리고 대선 공약에는 양대 정당의 이념편향이 반영되어 있다. 좌편향의 이념과 우편향의 이념이 국가 '주요' 정책이 되고 있는 것이다. 5년 단임제의 대통령 임기에 의해 단기 정책만이 국가 '주요' 정책으로 개발되고 있다. 5년 이상의 추진 기간이 필요한 정책은 개발조차 되지 않고 있다.

완성도 높은 정책이 아니라, 완성도 낮은 정책이 개발되고 추진되고 있다. 그 결과 국정과제의 추진에 국정과제의 추진에 거의 모든 국력을 쏟아붓는다고 하더라도, 우리나라의 문제들은 해결되지 않는다. 해결될 수 없다.

우리나라 정책개발 경로는 '순기능의 정책개발 경로'가 아니다. 가능한 한 빠른 시간 내에 포기하여야 할 정책개발 경로이고, 새로운 정책개발 경로에 의해 대체되어야 할 정책개발 경로이다. 이 새로운 정책개발 경로의 후보의 하나는 행정부가 될 수 있을 것이다. 행정부는 순기능의 정책개발 경로가 될 높은 잠재력을 갖고 있기 때문이다.

IV-2-1. 행정부의 정책개발기능 강화

우리나라 정치발전이 멈춘 원인은 대선 공약이 '정책개발 경로'를 독점하고 있기 때문이다. 이 정책개발 경로를 순기능의 정책개발 경로로 바꾸어야 초기 단계에서 멈추어 서 있는 민주화의 시계가 다시 민주화의 최종 목표를 향해서 나아갈 수 있을 것이다.

행정부가 대선 공약의 정책개발 경로를 대체할 새로운 정책개발 경로가 될 수 있을 것이다. 우리나라 전 분야에 걸쳐 가장 많은 정보를 가지고 있고, 각 이해관계자들의 다양한 입장을 가장 잘 파악하고 있는 기관은 행정부이기 때문이다.

무엇이 문제이고 그 문제를 해결하기 위해 어떠한 해결책이 가장 바람직한지 등에 대해서 행정부 공무원이 가장 잘 알고 있다. 대통령 대선공약단에 초빙된 공약개발자들의 정책개발 능력과 행정부의 정책개발 능력을 비교한다면, 행정부의 공무원의 능력이 단연 우월하다.

행정부가 새로운 정책개발 경로가 된다면 검증되지 않은 공약개발자들에 의해 국가 '주요' 정책이 개발되는 일이 없어지게 될 것이다. 그리고 오랜 기간 한 문제에 대해 많은 경험과 지식을 쌓아온 공무원과 국책연구기관의 정책연구위원들에 의해 국가 '주요' 정책이 개발될 수 있을 것이다.

또한 두세 달이었던 정책개발 기간의 제약이 사라짐으로써 정책개발에 필요한 시간을 충분히 확보할 수 있게 될 것이고, 정책개발 인원의 제약으로부터 벗어나게 됨으로써 정책개발 과정에 많은 정책전문가들이 참여할 수 있게 될 것이다.

이와 같이 국가 '주요' 정책이 많은 정책전문가들의 참여에 의해서 상시적이고 공개적으로 개발되면, 그동안 불가능하였던 변증법적 지양의 과정을 거쳐 정책이 개발될 것이고, 그렇게 되면 지금과는 비교할 수 없을 정도로 완성도 높은 정책이 개발될 것이다.

그리고 모든 국가 '주요' 정책의 개발과 추진이 대통령 중심으로 이루어지지 않게 됨에 따라, 대통령 임기 5년 단임제의 제약을 받지 않고 국가 '주요' 정책, 중장기 정책을 개발·추진할 수 있게 될 것이고, 정권이 바뀔 때마다 모든 정책이 교체되지 않게 될 것이다.

양대 정당의 이념편향이 국가 '주요' 정책에 반영되지 않게 됨에 따라 나라를 보수우파와 진보좌파, 좌와 우로 양분하던 힘이 줄어들게 될 것이고, 또한 중장기 정책의 개발과 추진이 가능해질 것이고, 정권 교체에 따른 정책 교체가 이루어지지 않게 될 것이다.

보수우파와 진보좌파 각 정당이 고정지지층을 확보하기 위해 개발하였던 이념편향의 정책이 더 이상 개발되지 않게 될 것이고, 그렇게 되면 특정 이해관계자의 입장만을 반영한 국가 '주요' 정책은 개발되지 않게 될 것이다.

또한 대외비·비공개로 정책을 개발하여야 할 이유가 사라지게 됨으로써 전문가와 국민이 개발 중인 정책에 의견을 개진할 수 있게 되고, 다양한 이해관계자의 입장이 사전에 반영될 수 있고 조율될 수 있게 될 것이다.

그뿐만이 아니다. 대선공약단과는 다르게 선거승리용의 목적으로 정책을 개발할 필요가 전혀 없고, 개발 중인 정책을 대외비로 유지할 필요 역시 전혀 없기 때문에 포퓰리즘이 개발되지 않게 될 것이고, 더 나아가 기존의 포퓰리즘을 축소할 수도 있을 것이다. 한번 시작하면 축소하려고 해도 축소할 수 없었던 것은 지지율을 의식하고 있는 정당이 국가 '주요' 정책을 개발하고 있었기 때문이었지만, 그러나 행정부는 지지율과 무관하게 정책을 개발할 수 있기 때문이다.

이러한 이유 때문인지 정치선진국의 경우 행정부가 정책개발을 담당하는 경우가 많다. 미국의 경우에는 대통령이 정책의 큰 방향을 제시하고 행정부에서는 그에 따라 정책을 개발하고, 프랑스에서는 행정부가 보다 주도적으로 정책을 개발하고, 영국에서는 총리를 중심으로 하는 내각이 그 역할을 맡는 것으로 알려져 있다.

행정부의 정책개발 기능이 강화되어 있는 프랑스의 경우, 정책 개발과 추진과정에서도 정치의 부당한 간섭으로부터 보호되고 있다고 한다. 그러한 행정부의 권한을 견제하기 위해 프랑스에서는 국사원(Conseil d'Etat)을 두고 있을 정도이다(여성정책연구원, 284쪽).

그러나 우리나라 행정부의 공무원들은 국가 '주요' 정책의 개발에 참여조차 하지 못하고 있다. 정치적 중립의 의무가 공무원으로 하여금 특정 정당 소속의 대선공약단에 참여할 수 없도록 만들고 있기 때문이다.

그 대신 우리나라 공무원에게 주어져 있는 과제는 묵묵히 대선 공약의 이행 계획을 수립하는 일이다. 그리고 보수우파에서 진보좌파로, 진보좌파에서 보수우파로 정권이 교체되면, 전혀 다른 내용의 국정과제를 묵묵히 추진하는 일이다.

소신 있게 자신의 의견을 전달한다고 하더라도 그 소신이 대선 공약이나 국정과제에 반영되는 것이 아닐 뿐만 아니라, 소신 있는 행위는 현 정부의 권위를 손상시키고 따라서 현 정부의 지지율을 낮추는 일이다. 그 일은 자신의 위치를 위험하게 만든다.

따라서 소신이 있어도 그 소신을 전달하지 않고, 묵묵히 대선 공약의 이행 계획을 수립하고 주어진 국정과제만을 탈 없이 이행하는 것만이 자신에게 주어진 업무라고 받아들인다. '영혼 없는 공무원'이 아니라 '영혼을 갖지 못하게 된 공무원'이다.

국가 '주요' 정책의 개발하기 가장 적합한 적임 기관은 행정부이다. 행정부는 가장 현장과 현실을 잘 파악하고 있고, 문제해결을 위한 대안 모색도 가장 잘 할 수 있다. 대통령 임기의 영향도 받지 않는 정책, 양대 정당의 이념 편향의 영향도 받지 않는 정책을 개발할 수 있고, 완성도 높은 정책을 개발할 수 있는 곳은 행정부이다.

IV-2-2. 국회의 정책개발기능 강화

지금까지 대선공약단이 국가 '주요' 정책의 개발 권한을 독점하면서, 국회의 정책개발 기능은 마비되었다. 물론 국회의 주 기능은 입법이지 정책개발이 아니기는 하다. 그러나 입법과 정책은 서로 분리되어 있는 것이 아니고, 정책을 추진하기 위해서는 입법이 필요하고, 입법은 정책을 추진하기 위한 것이다. 따라서 국회는 정책과 분리되어 있지 않다.

만약 국회가 행정부과 공동으로 국회 상임위원회를 중심으로 정책을 개발하게 되면, 대선공약단이 정책개발 경로를 독점하고 있음으로써 발생하였던 거의 모든 폐해들이 사라지게 될 것이다. 무엇보다도 거의 모든 국력을 동원하여 부실한 국정 과제를 추진하지 않게 될 것이다.

행정부에서 국가 '주요' 정책을 개발할 때와 마찬가지로, 정책개발 기간을 충분하게 설정할 수 있게 됨으로써 많은 전문가와 국민이 참여하여 완성도 높은 정책을 개발할 수 있게 될 것이다. 그리고 대외비·비공개의 조건과 선거승리용의 목적에서 벗어나게 됨으로써 많은 외부의 정책전문가들이나 이해관계자, 일반 국민들이 정책 개발 과정에 참여할 수 있게 될 것이다.

또한, 포퓰리즘이나 이념편향의 정책은 개발하려고 시도조차 하지 않게 될 것이고, 양대 정당에 의한 극한 이념대립도 점차 줄어들게 되어 좌와 우의 진영 논리도 점차 줄어들게 될 것이다. 또한, 대통령 임기 5년 단임제에 제한받지 않는 정책 개발과 추진이 가능해지고, 정권 교체에 따른 정책 교체가 이루어지지 않게 됨에 따라 나라발전을 위한 중장기 정책 개발과 추진이 가능해질 것이다.

IV-3. 행정부와 국회에 의한 정책개발의 장점

우리나라 정치발전이 멈춘 것, 그것은 우리나라 모든 국가 '주요' 정책을 대선 공약이 결정하고 있기 때문이다. 그리고 우리나라 정치발전의 새로운 시작, 그것은 대선 공약에 의해 모든 우리나라 국가 '주요' 정책이 결정되지 않는 것, 그로부터 시작될 것이다.

그렇다고 대선 공약이 개발되지 않을 수는 없을 것이다. 대선 공약은 대통령 후보가 자신이 대통령이 되어야 할 이유를 국민에게 밝힐 수 있는 중요한 통로이기 때문이고 그 통로를 통해서 국민들의 지지를 받아야 하기 때문이다.

다만 지금과 같이 '모든' 국가 '주요' 정책의 개발을 대선 공약이 독점하지 말아야 한다는 것이다. 정책개발 경로가 지금까지는 대선 공약이었다면 앞으로는 다른 정책개발 경로로 전환되어야 한다는 것이다.

그 전환은 그동안 멈추어 섰던 우리나라 정치발전을 다시 시작되도록 만들 것이다. 무엇보다도 완성도 높은 국가 '주요' 정책이 개발될 수 있을 것이기 때문이다. 많은 정책전문가들이 국가 '주요' 정책의 개발에 참여할 수 있게 될 것이고 정책개발 기간의 제약이 없어질 것이기 때문이다.

대통령 임기와 무관하게 국가 '주요' 정책이 개발될 것이고 이념 편향의 국가 '주요' 정책이 개발되지 않을 것이기 때문이다. 대외비·비공개의 조건에서 국가 '주요' 정책이 개발되지 않게 될 것이고, 그렇게 되면 포퓰리즘이 더 이상 개발되지 않을 것이고, 개발 중인 정책에 국민 참여가 가능해질 것이다.

IV-3-1. 완성도 높은 정책의 개발

우리나라 정치발전이 멈춘 이유는 우리나라의 국가 '주요' 정책을 결정하고 있는 대선 공약이 부실하고 졸속으로 개발되고 있기 때문이다. 대선 공약이 소수의 인원에 의해 정해진 짧은 시간 내에, 그리고 대외비·비공개의 조건에서 그리고 선거승리용의 목적에 따라 개발되고 있기 때문이다.

그리고 대선 공약에는 '5년 단임제의 대통령 임기', '이념편향의 양대 정당'이 반영되고 있다. 대통령 임기의 제약을 받아 5년 단위의 단기 정책만이 대선 공약으로 개발되고 양대 정당의 이념편향이 대선 공약에 반영된다.

부실하고 졸속이고 단기 정책 중심이고 이념 편향적으로 개발되는 대선 공약은 문제의 근본 원인을 해소하지 못한다. 파생원인조차 제대로 해소할 수 없다. 그 결과 우리나라에는 해결되어야 할 문제들이 해결되지 못한 채 쌓여가고 있다.

해결되어야 할 문제들이 해결되지 못하고 있음으로써 국가 경쟁력이 점차 떨어지고 우리나라에는 불합리하고 비상식적인 구조들이 늘어나고 있다. 국민의 삶의 질은 떨어지고 국민은 불합리하고 비상식적인 문제와 부딪치며 살고 있다.

더 이상 이러한 잘못이 반복되지 않기 위해서는 완성도 높은 국가 '주요' 정책이 개발되어야 한다. 문제의 근본 원인을 해소할 수 있는 그러한 국가 '주요' 정책이 개발되어야 한다.

행정부는 완성도 높은 국가 '주요' 정책이 개발될 수 있는 조건을 갖추고 있다. 대선공약단과 다르게 정책개발을 정해진 기간 내에, 정해진 인원으로 하지 않아도 된다. 완성도 높은 정책의 개발에 필요한 시간을 충분히 사용할 수 있고 정책개발에 많은 정책전문가들이 참여할 수 있다. 대외비·비공개의 조건이나 선거승리용의 목적에 따라 정책을 개발할 이유가 없다.

IV-3-2. 중장기 정책의 개발 및 추진

국가 '주요' 문제들의 대부분은 5년 이내의 단기 정책으로 해결되기 어려운 문제들이다. 그 문제들은 문제의 뿌리가 깊고 널리 퍼져 있고, 문제의 원인이 하나나 둘이 아니라 여럿이다. 따라서 중장기적 해결이 필요한 문제들이다.

그러나 우리나라에는 5년 이상의 추진 기간이 필요한 중장기 정책이 사라졌다. 국가 '주요' 정책을 결정하는 대선 공약에 대통령 임기 5년 단임제가 반영되고 있기 때문이다. 그리고 양대 정당의 이념편향이 대선 공약에 반영되면서 정권이 바뀔 때마다 전혀 다른 내용의 정책으로 바뀌고 있기 때문이다.

그 결과 해결되어야 할 문제들 가운데 5년 이상의 문제해결 기간이 필요한 문제들은 해결되지 못하고 있다. 예를 들어 국가 경쟁력 약화, 높은 청년실업률, 저출산·고령화, 계층 이동의 단절, 공교육 붕괴, 지역 불균형 발전, 여성의 경력단절, 부정부패, 낮은 소득파악률, 높은 대학진학률, 규제 개혁, 양성 불평등, 인력수급의 불균형, 높은 자살률 등이 있다.

이 문제들은 나라발전을 위해 반드시 해결되어야 할 문제들이다. 그러나 여럿의 원인이 복합적으로 작용하고 있는 이러한 문제들은

5년 이내의 단기 정책으로는 해결되지 않는다. 아무리 완성도 높은 정책이라고 하더라도 5년 이내로는 해결하기 어렵다. 그러나 대통령 임기 5년 단임제는 우리나라 국가 '주요' 정책의 추진 기간을 5년으로 제한하고 있다. 그 결과 해결되어야 할 문제들 가운데 5년 이상의 문제해결 기간이 필요한 문제들은 해결되지 못하고 있다.

우리나라에서는 중장기적 해결이 필요한 문제들, 국가 '주요' 문제들은 해결되지 못하고 있는 것만이 문제는 아니다. 해결되지 않은 문제들로부터 다른 문제들이 파생되고 있고, 그 파생된 문제들은 해결이 거의 불가능한 또 다른 심각한 문제를 발생시킨다.

예를 들어 저출산·고령화는 중장기적 해결이 필요한 문제이다. 그러나 우리나라에서는 저출산·고령화와 같은 중장기적 해결이 필요한 문제들은 해결하지 못하고 있다.

저출산·고령화가 해결하지 못하면, 생산가능인구는 감소하고 노인 인구는 증가하게 되어 국민건강보험과 국민연금의 재정 적자가 늘어나게 된다. 재정 적자가 계속 누적되면 국민건강보험과 국민연금의 운영 자체가 불가능해질 것이다.

그러나 행정부에서는 대선공약단과 다르게 대통령 임기의 국한을 받지 않으므로 5년 단위의 단기 정책만을 개발하여야 할 아무런 이유가 없다. 그렇게 되면 문제의 근본 원인을 발본색원(拔本塞源)할 수 있는 중장기 정책을 개발할 수 있을 것이고 정권이 바뀌어도 흔들림 없이 정책을 추진할 수 있을 것이다.

IV-3-3. 포퓰리즘의 축소

포퓰리즘은 한번 시작되면 다시 되돌리기 힘든 불가역적(irreversible)이고, 한번 시작되면 점점 더 확대되는 속성을 갖고 있다. 정부의 경제적 지원에 대한 국민의 기대가 한번 생기면 정치는 그 기대를 저버릴 수 없기 때문이다.

포퓰리즘이 확대되면 될수록 재정 적자는 감당할 수 없게 되지만, 그러나 한번 시작된 포퓰리즘은 중단할 수 없다. 포퓰리즘에 대한 국민의 기대를 저버리는 것은 당선을 포기하는 것이나 다름없기 때문이다. 포퓰리즘은 망국(亡國)에 이르는 병인 것이다.

앞에서 언급 한 바 있듯이, 선거승리의 목적과 대외비·비공개의 조건은 포퓰리즘이 뿌리내리기 좋은 조건이다. 나라의 미래가 어떻게 되든 일단 선거에서 승리하고 보자는 선거 전략에 따라 움직이기 좋게 만든다.

아마도 고기 잡는 방법을 가르쳐 주는 정부보다 잡은 고기를 나누어주는 정부에 더 고마워하기 때문에 정부는 고기를 나누어 주려는 것인지 모른다. 그러나 정부가 나누어주는 고기에 의존하는 사람이 늘어날수록, 그리고 스스로 고기 잡는 사람이 줄어들수록, 정부가 나누어 줄 수 있는 고기는 점점 더 줄어들게 되고, 어느 순간에는 생존에 필요한 양보다 더 적은 고기만을 나누어줄 수밖에 없게 된다.

재정 적자는 눈덩이처럼 불어나지만 재정 적자에 대해서도 염려

하지 않는다. 어차피 다음 정부, 다음 세대로 넘어가는 부담이니, 국민이나 대통령 모두 그 부담에 대해서 귀 막고 눈 감아 버리기로 한 듯하다.

그 다음 단계는 국가 부도이다. 생존에 필요한 양보다 더 적은 고기조차 나누어줄 수 없는 단계에 이르게 된다. 국가 파산은 피할 수 없게 된다. 이러한 나라의 예는 어렵지 않게 찾을 수 있다.

그러나 만약 모든 국가 '주요' 정책이 대선공약단이 아니라 행정부에서 결정하게 된다면, 포퓰리즘이 지금과 같이 개발되지 않을 것이고 확대되지 않을 것이다. 선거승리용의 목적에 따를 필요가 없기 때문이고 대외비·비공개의 조건에서 개발되지 않을 것이기 때문이다.

IV-3-4. 근본주의적 이념대립의 약화

민주화 이후, 진보좌파 정당의 자유로운 정치활동이 보장되면서 보수우파와 진보좌파 사이의 이념대결이 보다 자유로워졌다. 한편으로 양대 정당이 자유롭게 이념대결을 할 수 있게 된 것은 긍정적인 변화라고 할 수 있을 것이다.

그러나 다른 한편에서 부정적인 것은 지나치게 좌의 근본이념과 우의 근본이념을 추구하는 우리나라의 양대 정당은 나라를 서로 전혀 다른 방향으로 끌고 가고 있다는 것이다.

보수우파가 집권하면 보수우파의 근본이념에 따른 정책을 추구하다가 진보좌파가 집권하면 나라는 진보좌파의 근본이념에 따른 정책을 추구하고 있다. 그 결과 나라가 한 방향으로 나아가지 못하고 한번은 완전히 좌로 쏠렸다가 다음 한번은 완전히 우로 쏠리고 있다.

보수우파가 집권하면, 조직 내의 경쟁과 효율을 강화하기 위해 성과연봉제를 도입하지만, 진보좌파가 집권하면 진보좌파 정권의 이념과 맞지 않는 성과연봉제의 도입을 중지하고 조직 내의 평등과 인화를 위한 직무 평가제를 도입한다.

경쟁보다는 평등의 이념을 중시하는 진보좌파가 집권하면 고등학교 평준화를 위해 특수목적고를 폐지하기 위한 정책을 추진하지만, 보수우파가 집권하게 되면 수월성 교육을 위해 특수목적고를 유지하기 위한 정책을 추진한다.

외교정책의 경우 문제는 더욱 심각해진다. 외교적으로 타결되었던 협상이거나 체결된 조약이지만 정권이 바뀌면 협상 내용이나 조약 내용을 문제시하여 당사국을 당황하게 만들기도 한다.

중장기적으로 흔들림 없이 지속되어야 하는 정책들이 있다. 경제정책, 교육정책, 고용정책, 산업정책, 대북정책, 외교정책, 부동산정책, 에너지 정책 등이 그 예이다.

그러나 정권이 교체될 때마다 손바닥 뒤집듯이 정책이 바뀌면서 어느 정책 하나 제대로 뿌리를 내리지 못하고 있다. 문제가 제대로 해결되지 못하고 나라가 발전하지 못하고 있다. 외교적으로는 망신이고 국민은 갈피를 잡을 수 없다.

보수우파의 근본이념을 지향하는 보수우파 정당과 진보좌파의 근본이념을 지향하는 진보좌파 정당에게는 각각 서로 다른 문제해결을 위한 절대적인 기준을 갖고 있다. 그러나 보수우파의 시각에서는 문제해결일지 모르지만, 진보좌파의 시각에서는 문제악화일 뿐이고, 진보좌파의 시각에서 문제해결일지 모르지만, 보수우파의 시각에서는 문제악화일 뿐이다.

이와 같이 나라가 보수우파와 진보좌파의 양대 진영으로 분열되고, 양대 진영 사이의 이념대립이 점점 더 첨예해지는 이유는 국가 '주요' 정책을 결정하고 있는 대선 공약에 '양대 정당의 이념편향'이 반영되고 있기 때문이다.

각 정당은 자신의 정당이 집권하고 있는 동안에는 문제가 해결되고 있다고 주장하지만, 이념편향에 따른 문제해결은 그것이 보수우파 정당에 의한 문제해결이든 진보좌파 정당에 의한 문제해결이든 제대로 된 문제해결일 수 없다.

이념편향의 문제해결로 현실의 변화를 충분히 반영하지 못하거나 현실의 일부분만을 반영한 문제해결이기 때문이다. 그리고 정권교체가 일어나면 보수우파와 진보좌파의 정책이 서로 교체되면서 보수우파와 진보좌파 어느 정당의 정책도 제대로 뿌리내리지 못하고 있기 때문이다.

우리나라 양대 정당은 서로 다른 정당이 집권하던 기간을 '잃어버린 10년', 또는 '잃어버린 5년'이라고 주장하고 있지만, 그러나 나라의 관점에서 보면 큰 차이 없이 모두 '잃어버린 시간'이다.

각각 보수우파만이 완벽하고 진보좌파만이 완벽하다는 진영 논리에서 벗어나지 못하는 한, 우리나라 정치발전을 기대하기 어렵다. 상대방 주장의 장점을 수용하고 자기주장의 단점을 인정하는 정·반·합의 변증법적 지양(dialektische Aufhebung)을 추구하지 않는한, 우리나라 정치발전은 기대하기 어렵다.

우리나라에서 정치발전이 일어나기 위해서는 상대방에 대한 철저한 상호부정의 정치에서 상대방에 대한 상호인정의 정치로 전환되어야 한다. 정(正)-반(反)-정(正)의 독선과 아집을 관철시키려 했던 정책개발의 과정에서 정(正)-반(反)-합(合)의 민주적 변증법적 지양의 정책개발 과정으로 전환되어야 한다.

그러나 국가 '주요' 정책의 개발이 대선공약단에 의해 독점되고 있는 한, 양대 정당의 이념편향은 국가 '주요' 정책에 반영될 수밖에 없다. 그리고 양대 정당의 이념편향이 대선 공약에 반영되는 한, 양대 정당에 의한 협치(協治)는 실현되기 어려운 꿈일 뿐이다.

진보좌파와 보수우파 사이의 협치(協治)가 일어나기 위해서는 대선공약단에서 행정부로 정책개발 경로의 전환이 필요하다. 물론 국회와 행정부로 '정책개발 경로'가 이전된다고 하더라도, 보수우파와 진보좌파 양대 정당의 이념편향이 하루아침에 사라지지는 않을 것이다.

특히 초반에는 서로 조금도 보수우파와 진보좌파 양대 정당 사이에 합의가 순조롭게 이루어지지 않을 것이다. 문제파악부터 문제해결 방안까지 서로 전혀 다른 이념을 제시할 것이고, 서로 전혀 다른 문제파악과 문제해결 방안을 제시하고자 할 것이다.

그러나 대선공약단이 정책개발 경로이었을 경우와는 전혀 다르게 '이념 편향적' 국가 '주요' 정책을 개발할 수는 없을 것이다. 최소한 보수우파와 진보좌파의 각 정당이 각각 보수우파와 진보좌파의 근본이념을 국가 '주요' 정책에 반영할 수 없게 될 것이다.

그리고 행정부가 주요 '정책개발 경로'가 된다면, 행정부에서는 경쟁적으로 완성도 높은 정책을 개발하게 될 것이다. 국가 '주요' 정책이 공개의 조건에서 개발될 것이고, 그렇게 되면 비공개의 조건에서와는 다르게, 국민과 정책전문가들의 참여와 비판이 활발해질 것이기 때문이다.

현실과 유리된 이념편향의 정책에 대한 비판이 제기될 것이고, 또한 일부 이해관계자들의 입장만을 반영한 정책은 정책으로 인정되기 어렵게 될 것이다. 하나의 정책이 개발되기까지 서로 다른 생각과 서로 다른 이해관계를 변증법적으로 지양하게 되고 조율하게 될 것이다.

정책개발에 대선공약단보다 많은 시간이 걸리겠지만, 완성도 높은 정책의 개발이 그 대가이므로 시간은 문제가 되지 않을 것이다.

그리고 합의에 도달하기 위한 논쟁은 서로 양극단으로 잡아당기려던 이전의 정쟁과는 비교도 되지 않는 내용의 것이므로 역시 문제가 되지 않을 것이다.

이념보다는 현실에 충실하여 문제해결을 하기 위한 논쟁이기 때문이고 또한 서로 다른 두 나라로 가기 위한 정쟁이 아니기 때문이다. 그리고 이 논쟁은 전환기의 논쟁이어서 어느 정도 시간이 지나가면 조금씩 가라앉을 논쟁이다.

정책개발 경로의 전환 초기에 전환으로부터 발생하는 몇 가지 문제점이 드러날 수 있을 것이다. 그러나 지금의 정책개발 경로로부터 야기되는 수없이 많은 문제점을 극복하기 위한 과정이라고 생각하면, 그 문제점은 인내심을 가지고 충분히 극복할 만한 것이 될 것이다.

대선공약단이 아니라 행정부가 국가 '주요' 정책의 개발을 담당하게 된다면, 이념적으로 서로 완전히 다른 국가 '주요' 정책이 개발하는 일이 중단될 것이고, 집권 이후 그 대선 공약을 국정과제로 추진하는 일이 없어지게 될 것이다. 그리고 그 국정과제를 추진하려는 집권 여당과 야당 사이의 정쟁으로 나라가 혼란스러운 일도 없어지게 될 것이다.

IV-3-5. 정책전문가 참여의 확대

다른 나라와는 비교가 되지 않을 정도로 우리나라에는 분야별로 정책연구기관들이 잘 구축되어 있다. 경제인문사회연구회 소속의 26개 정책연구기관들은 대표적인 정책연구기관들이다. 그리고 준정부기관이나 공기업, 그리고 지방자치단체에도 정책연구기관들이 있다.

이 정책연구기관들에서는 우리나라에 필요한 거의 모든 분야에 걸친 정책연구를 담당하고 있다. 그리고 이 정책연구기관 소속 연구위원들은 각 담당 분야에서 우리나라 최고의 정책전문가들이다.

그러나 이들의 정책연구 역량은 우리나라 국가 '주요' 정책의 개발에 거의 활용되지 못하고 있다. 이들에게는 정치적 중립을 지켜야 하는 의무로 말미암아 각 당의 대선공약단에 초빙될 수 없기 때문이다.

이들의 정책연구가 국가 '주요' 정책에 반영될 수 있는 여지는 대선공약단에 초빙된 공약개발자들이 이들의 정책연구보고서를 참고할 경우이다. 이를 제외하고는 우리나라 최고의 정책전문가들에 의한 정책연구 결과는 국가 '주요' 정책에 반영될 가능성이 거의 없다.

우리나라 최고의 정책전문가들이 축적해 놓은 정책연구 결과가 사장되고 있는 것이다. 이들의 정책연구 역량은 문제해결 능력 높고 완성도 높은 국가 '주요' 정책의 개발과는 무관한 것이 된 것이다. 그로 말미암아 이들의 정책연구 열정이나 의지는 많이 꺾여 있다.

이 정책연구기관 소속의 연구위원들이 현재의 제약들로부터 벗어나 완성도 높고 소신 있는 정책연구·개발에 열정적으로 몰두할 수 있어야 한다. 그렇게 되어야 우리나라의 문제해결 능력이 높아지게 될 것이다.

행정부가 국가 '주요' 문제들의 해결에 주역을 맡게 되면 정책연구기관 연구위원들에 의한 정책개발이 매우 중요해질 것이다. 연구위원들이 보유한 정책연구 역량을 충분히 발휘하여야 완성도 높은 정책이 개발될 것이기 때문이다.

행정부가 정책개발 경로가 되면 정책연구기관 연구위원들의 정책연구·개발의 열정과 의지가 높아지게 될 것이고, 그에 따라 완성도 높은 국가 '주요' 정책이 개발될 수 있을 것이다. 정책전문가들인 정책연구기관 연구위원들에게는 자신의 정책연구 역량을 발휘할 수 있는 기회가 열리게 될 것이다.

IV-3-6. 국민 정치 참여의 활성화

'독재 정권 타도'의 구호를 외치며 거리를 행진하였던 것은 독재 정권만 타도되면, 민주화가 민주화의 최종 목표를 향해 나아갈 것이라는 기대가 있었기 때문이었을 것이다. 정권에 의한 일방적인 정책 결정에서 국민의 참여에 의한 정책 결정으로 바뀌게 될 것이라는 기대했기 때문이었을 것이다.

그러나 민주화 이후, 30여 년이 넘는 동안 정권 교체는 아무런 이상 없이 평화롭고 순조롭게 이루어지고 있지만, 민주화 이전과 전혀 다를 바 없이 국민의 정치참여의 활성화는 일어나지 않고 있다.

민주화의 주요 목적의 하나는 정치인의 일방적인 정책 결정에 따르는 것이 아니라, 국민의 정치 의사를 반영하는 것이다. 그러나 국가 '주요' 정책에 국민의 정치 의사는 반영되지 않고 있다.

국민은 잘못된 정책의 피해자가 될 수 있고 동시에 좋은 정책의 수혜자가 될 수 있다. 따라서 잘못된 정책의 피해자가 되지 않기 위해서나, 좋은 정책의 수혜자가 되기 위해서 국민의 참여는 필수적이다. 그러나 정책개발 과정에 국민의 참여는 철저하게 배제되어 있다.

여전히 국민의 접근이 전혀 허락되지 않는 베일 속의 검은 장막, 비밀 공간 속에서 국가 '주요' 정책이 개발되고 있다. 대선공약단에서 공약을 개발 중인 공약개발자들 이외의 누구도 어떠한 공약이 개발되고 있는지 전혀 알지 못한다.

민주화 이후 달라진 것은 정권에 비판적인 국민을 감시하거나 억압하지 않는다는 것이다. 그러나 민주화 이후에도 전혀 달라지지 않고 있는 것은 국민의 정치 참여 통로가 굳게 닫혀있다는 것이다.

베일 속에서 국가 '주요' 정책이 부실하고 졸속으로, 완성도가 낮고 이념편향적이고 인기영합주의적으로 개발되고 있다. 국민은 잘못된 정책의 피해자이지만 국민은 정책 결정의 과정에 참여하지 못하고 정권에 의해 일방적으로 정책이 결정되고 있다.

미완성의 민주화인 것이다. 평화로운 정권 교체만이 순조롭게 이루어지고 있을 뿐, 독단적이고 폐쇄적으로 정책이 개발되고 있고, 완성도 낮고 이념 편향적인 정책이 개발되고 있다.

독재 정권의 핵심 문제는 권력의 사유화이다. 개념 '권력의 사유화'는 문제시하는 것에는 사적인 목적을 위해 권력을 사용하는 것만을 문제시하지 않는다. 그에는 국민의 정책 결정 과정에의 참여를 허용하지 않고, 일방적으로 정책을 결정하는 것 역시 문제시 한다.

국민의 정치참여의 활성화를 위해 노력해야 하는 것은 정치의 몫이다. 그러나 대선 공약의 정책개발 경로는 국민의 정치참여를 제한하고 있다. 그럼에도 불구하고 우리나라 정치는 이를 개선하려고 하지 않고 있다.

평화로운 정권 교체에 머물고 있는 민주화가 다음 단계로 나아가도록 하기 위해서는 그리고 더 나아가서 민주화의 최종 목표를 향해 나아갈 수 있도록 하기 위해서는 우리나라의 '정책개발 경로'를 대선공약단에서 행정부로 이전하는 일이다. 그렇게 되면, 대선공약단에서 국가 '주요' 정책의 개발을 독점하고 있었을 때와는 다르게, 개발 중인 정책이 공개될 것이고 그렇게 되면, 개발 중인 정책에 대해 많은 국민과 정책전문가들의 참여에 의한 진지한 토론이 일어나게 될 것이다.

참고문헌

곽노성, 「혁신성장의 길」, (렛츠, 2018)

대런 애쓰모글루, 제임스 A. 모글루, 「국가는 왜 실패하는가」, (시공사, 2012)

박상훈, 「청와대 정부」, (후마니타스, 2018)

서병훈, 「포퓰리즘」, (책세상, 2008)

송복, 「서애 류성룡 위대한 만남」, (지식마당, 2007)

아담 쉐보르스키, "이행의 게임", 「전환의 정치, 전환의 한국사회」, 임현진·송호근
　　　　공편(사회비평사, 1995)

아담 스미스, 「국부론」, 김수행 옮김(동아출판사, 1992)

알렌 뚜렌, 「현대성 비판」, 이기현, 정수복 옮김(문예출판사, 1995)

여성정책연구원, 「이념갈등과 사회통합」, (여성정책연구원, 2006)

이근식, 「자유와 상생」, (기파랑, 2005)

위르겐 하버마스, 「후기 자본주의 정당성 연구」, (청하, 1972)

이홍균, 「소외의 사회학」, (한울, 2004)

정구현, 「우리는 어디로 가고 있는가」, (청림출판, 2013)

존 스튜어트 밀, 「자유론」, 서병훈 옮김(책세상, 2005)

조승래, 「공화국을 위하여」, (도서출판 길, 2010)

진덕규, 「민주주의의 황혼」, (학문과사상사, 2003)

토마스 홉스, 「레바이어던」, (삼성, 1982)

함성득 「제왕적 대통령의 종언」, (섬앤섬, 2017)

황경식, 「존 롤스 정의론」, (샘 앤 파커스, 2018)

황인학, 「한국경제 IQ」, (렛츠 북, 2019)

Guillermo O'donnell, "Transition, Continuities and Paradoxes", in 「Issues in Democratic
　　　　Consolidation: The New South American Democracies in
　　　　Comparative Perspectives」, ed. Scott Mainwaring, Guillermo
　　　　O'donnell and J. Samuel Valenzuela(Notre Dame, 1992)

Scott Mainwaring, "Transitions to Democracy and Democratic Consolidation, in
　　　　「Issues in Democratic Consolidation: The New South American
　　　　Democracies in Comparative Perspectives」, ed. Scott Mainwaring,
　　　　Guillermo O'donnell and J. Samuel Valenzuela(Notre Dame, 1992)

대한민국, 정치발전이 멈추다
- 민주화의 역설

초판인쇄 2020년 4월 21일 인쇄
초판발행 2020년 4월 28일 발행

지은이 : 이 홍 균
발행인 : 서 영 애
펴낸곳 : 대양미디어

서울시 중구 퇴계로45길 22-6(일호빌딩) 602호
등록일 : 2004년 11월 8일(제2-4058호)
전화 : (02)2276-0078
E-mail : dymedia@hanmail.net

ISBN 979-11-6072-059-4 03340
값 15,000원

이 도서의 국립중앙도서관 출판예정도서목록(CIP)은 서지정보유통지원시스템 홈페이지
(http://seoji.nl.go.kr)와 국가자료공동목록시스템(http://www.nl.go.kr/kolisnet)에서
이용하실 수 있습니다.(CIP제어번호 : CIP2020014753)